有趣

让高"趣商"
成为你的竞争力

朱老丝——著

噢呜～

中信出版集团｜北京

图书在版编目（CIP）数据

有趣：让高"趣商"成为你的竞争力 / 朱老丝著
. -- 北京：中信出版社，2022.5
ISBN 978-7-5217-4170-4

Ⅰ.①有… Ⅱ.①朱… Ⅲ.①职业选择－通俗读物
Ⅳ.①C913.2-49

中国版本图书馆 CIP 数据核字（2022）第 051657 号

有趣——让高"趣商"成为你的竞争力
著者：　　朱老丝
出版发行：中信出版集团股份有限公司
　　　　　（北京市朝阳区惠新东街甲 4 号富盛大厦 2 座　邮编　100029）
承印者：　　北京诚信伟业印刷有限公司

开本：880mm×1230mm 1/32　印张：9.75　　　字数：184 千字
版次：2022 年 5 月第 1 版　　印次：2022 年 5 月第 1 次印刷
书号：ISBN 978-7-5217-4170-4
定价：69.00 元

目 录

引　言

为何写这本书?

"那个人真有趣!"

"哇,好有趣呀!"

"有趣的灵魂万里挑一。"

"那个人太无趣了,我想找个有趣的人做伴侣。"

"我们希望招聘有趣的人。"

…………

"有趣"这个词,时常在各种场合下被提及。这不禁让我思考:当谈论有趣的时候,我们究竟在谈论什么?当我们说一个人有趣时,这里的有趣是指我们自身的一种抽象的感觉或认知,那么是什么触动了我们的这种感觉或认知呢?

到底什么是"有趣"?

2020年新冠肺炎疫情防控期间,作为线下培训讲师,我的业务彻底停滞,于是我开始在线上自媒体平台发布一些自己讲知识的视频。没想到在短短6个月的时间里,就有100多万网友关注了我,一年后,我收获了超过200万网友的关注。在这个过程中,我发现网友在我的视频评论里屡屡提及"有趣"二字。

这个经历，再次敲开了我思维的窗，让我重新审视"有趣"：它究竟给我带来了什么变化？它只是博人一笑，还是有着更深刻的意义？我的经历与思考，是否可以在更广的范围内给更多人带来价值？于是，这本书诞生了。

在这本书中，我结合了丰富的人物故事、有趣的科学实验、本人的亲身经历等多个方面，来探索"有趣"这个课题，这个过程本身也很有趣！在书中我们会探讨：

- 几十位古今中外、各行各业有趣之人的故事，以及他们之间的共性。
- 只凭借智商和情商①就能带来"有趣"吗？还是说"有趣"需要另一维度的东西？
- 基于大量的社会学、心理学、脑神经学等科学研究成果，"有趣"对我们的工作生活有哪些实实在在的益处（如内心状态、人际关系、个人魅力等）？它为某些人带来的成就或收获是偶然吗？
- 在实践层面，我结合自己十多年来作为咨询顾问及培训师积累的知识、经验（尤其是"有趣"带来的转型）、大量的人物案例等，去发掘"有趣"的秘籍——到底**如何做才能成为一个"有趣"的人**。

这个探索的过程，让我越发认识到"有趣"与人们生命中的一些重要的课题有着深刻的关联，它不但可以让你绽放**有独特辨识度的、更有魅力**的自己，还会带给你一种深层的能量，以及轻

---

① 情商，最初被命名为情绪智力（Emotional Intelligence）。

松、积极的状态。同时，我也发现"有趣"是可以习得的。

如何阅读本书？

本书的第一章是后续章节的基础，因为它定义了到底什么是"有趣"，这个定义会贯穿全书。第一章会通过分享一些有趣的人的案例，让大家对"有趣"建立全面的认知，并认识它与智商及情商的区别。

第二章会深入研究"有趣"对我们的工作、生活有哪些实际的好处，以及对于人生的意义，并通过一些有趣的科学实验让大家看到这些好处是如何产生并影响一个人的。

第三章则从"有趣"的反面来审视：为什么有的人无趣，是哪些因素磨平了人们的"有趣"。

第四章到第八章则是"解决方案"的部分——怎么做才会变得"有趣"，我们如何获得第二章提到的那些益处。第四章会系统性地破解**有趣的密码**，从外在层面到更为深刻的内在层面对"有趣"进行拆解，让大家看到影响一个人是否"有趣"的 4 个层面。第五章到第八章则会分别从内在系统层面、认知层面、表达[①]层面、行事层面给出变得"有趣"的具体建议。

除此之外，请留意本书中的一些专业名词，比如**"柠檬汁""榴莲蛋糕""直升机""乒乓球""三棱镜"**等，它们可以帮大家更好地理解神形兼备、色香味俱全的"有趣"。

欢迎开启"有趣"的大门。

---

① 本书涉及的表达指口语表达，书面语不在本书范畴。

趣商高的啄木鸟在树上凿洞时，还不忘咚咚咚地敲出《土耳其进行曲》般的节奏，从而让这个重复性动作不再枯燥。

1

到底什么是
"有趣"？

~ 1 ~

这是一位演员。

在 1914 年的某个夜晚，他因为肚子饿，去了一家餐厅吃饭，在那里他注意到一位正在喝汤的先生。吸引这位演员的并不是那位先生的衣着，当然也不是那碗汤（如果你刚刚认为是汤吸引了他的注意力，说明你饿了），而是……

胡子！

没错，他居然被那位喝汤的先生像牙刷毛一样整齐的胡子深深吸引了。据他描述，每当那位先生用勺子盛热汤时，他的胡子都会微微颤一下，仿佛在紧张地说："天啊，汤要来啦！"而当这位先生喝汤时，他的胡子会立刻上扬，紧贴着鼻子一动不动，仿佛又在说："喂，我给你让路，你可千万别碰到我啊！"当时，看着面前这个有趣的场景，这位演员忍俊不禁，差点被自己的汤呛到。

后来，这位演员就把他所看到的那抹胡子作为装扮，"移植"到自己的鼻子下面！在随后的影视作品中，无论是扮演工人、流浪汉还是银行职员等角色，他都戴着那抹胡子，给世人呈现了无数有趣且经典的表演。

现在，你应该猜到他是谁了，他就是<u>查理·卓别林</u>，一位来自英国的演员、导演及编剧。

毫无疑问，他是个有趣的人。

这是一位画家。

我们姑且不谈他的画有多棒，以及其作品拍卖到百万元还是千万元的价格，我们先来看看他是如何给自己的画取名字的。

他画了一只鹦鹉，这本身没什么特别，但他给这幅画取名为"鸟是好鸟，就是话多"。

他画的一只母鸡，身边有个刚下的鸡蛋，他给这幅画取名为"生个蛋犯得上这么大喊大叫嘛"。

他画了只老鼠，取名为"我丑，我妈喜欢"。

真想知道，这些有趣的名字是怎么想出来的。

还是这位画家，在50多岁时，去考了驾照；年过80，仍然爱开敞篷跑车；83岁时，成为权威男性杂志《时尚先生》创刊以来最年长的封面人物；在90多岁时，他向他老婆提议想在死前开一场追悼会，原因是"趁自己没死，听听大家怎么夸我"。

他叫黄永玉，是中国著名画家。

他也是个有趣的人。

~ 111 ~

接下来出场的这位男士是个非洲人。

他身高一米八，身材健硕，站在台上时表情颇为严肃，一本正经地对着几百人说道："每当深夜我独自在家时，我感觉并不是很自在。"

台下的观众没有反应。他顿了几秒后，又假装不好意思地解释道："换句话说，就是……我怕黑。"

这句怯懦的坦白与他健硕的形象的反差引来一片哄笑。

他继续严肃地说道："每当半夜去洗手间方便时，我总是面临一个难题：到底是打开灯还是关着灯呢？因为打开灯可能导致我接下来睡不着，而关着灯……我又好怕怕。"

观众又被他微妙的内心语言逗乐了，因为在生活中许多人都有过类似的经历。

随后，他自豪地补充道："但是后来我选择关着灯！因为我发现了一个可以帮我抵抗恐惧的秘诀，那就是在去厕所时，用俄式英语和自己说话来壮胆。（在这段表演之前，他已经表示俄式英语是世界上最彪悍的口音）这样会让我觉得自己就是深夜里最危险的动物！"他提高了声调："所以我会在半夜三点，光着脚，一边走向厕所一边用俄式英语自言自语……"

随即，他昂起头，挺着胸，一边模仿半夜走向厕所的样子，一边用彪悍冷酷的语调大喊："耶！大宝贝要去小便了！"

说完，台下响起了无数的掌声与笑声。

他是一名来自南非的脱口秀演员，也是美国政治吐槽节目《每日秀》的主持人。他的优兔、推特等社交媒体账号上有超过5 000万粉丝。《时代》杂志曾将他评为世界上最具影响力的100人之一，他就是特雷弗·诺亚，一个有趣的人。

~ IV ~

"啊呜……呜……"湖上传来一阵哭声。哭的不是小孩子，而是一位成年作曲家。他哭的原因并不是因为写不出曲子，更不是出于独特的作曲方式，而是他不小心把他作为午餐的火鸡肉掉进了湖里。他认为那是个巨大的损失。

身为作曲家，他很敬业，也很优秀。1929年，37岁的他已经创作出约 40 部歌剧，其中不乏广受欢迎之作，他却做了一个所有人都没有想到的决定——从歌剧创作中"退休"，去做一名美食家，专职品尝、研究并烹饪美食。

莎士比亚在《第十二夜》中曾说："如果音乐是爱情的食粮，那就奏下去吧。"如果莎士比亚用来做比喻的食物只是个配角的话，那么这位作曲家则直接把食物作为主角来赞美："没有什么是比'吃'更值得赞美的职业……胃口就是指挥家，指挥着我们的激情，唤醒了我们的行动。"

他一边游走于米兰、博洛尼亚、巴黎等地，探寻、品尝各种美食，一边做美食研发。数年间，他研发出几十道食谱，其中最为著名的是那道流传至今，法国餐厅菜单上必备的"罗西尼牛排"。

~ 罗西尼牛排 ~

一片煎好的去皮面包
中间放置 3 厘米厚，150 克重的菲力牛排
上面盖上肥美的煎鹅肝
最后撒上一层松露，少许盐和胡椒

为什么叫"罗西尼牛排"？因为它是以这位作曲家的名字来命名的。他就是焦阿基诺·安东尼奥·罗西尼，是意大利作曲家，确切地说，是意大利作曲家兼美食家。

即便"退休"了，他依然会在生活间隙创作一些小曲，例如包含4首钢琴独奏曲的合集（被他称作《4道开胃菜》，分别是《萝卜》《凤尾鱼》《泡菜》《黄油》）。

罗西尼去世后，他的名字被列入法国烹饪经典《拉鲁斯美食百科全书》，像诗人但丁、天文学家和物理学家伽利略一样，他被安葬在了佛罗伦萨的圣十字教堂。葬礼那天，唱诗班所唱的歌曲正是他写的歌剧《摩西在埃及》中的曲目。

他是作曲家还是美食家呢？总归他是个**有趣**的人。

加利福尼亚州的一个酒吧里，传来一阵欢快的非洲鼓声。敲鼓的不是非洲乐手，而是一位50多岁的美国人。他头发花白，穿着橙色的T恤，双手飞快地敲打着手中的邦戈鼓。他不仅会在酒吧演奏，还经常在剧场舞台下的乐池里和乐队一起为音乐剧伴奏。不过，他在大部分时间里，都穿着西装站在讲台上讲课，因为他当时的本职工作并不是鼓手，而是加州理工大学的一位物理学教授。他对这两个毫不相干的领域怀有极大的好奇和热情。

1965年，因为对量子电动力学领域的巨大贡献，他获得了诺贝尔物理学奖①。尽管获得了科学界最权威的奖项，但在课堂上，他总能把量子力学这种高深的知识讲得通俗易懂、贴近生活并且妙趣横生。他会对身边的各种小事感到好奇，比如为什么水龙头的水流下来时会变得越来越细，为什么昆虫会被花瓣的颜色吸引等。他把这些话题拿到课堂上与学生探讨，最终与量子力学扯上关系。

他作为原子弹研制的贡献者之一，参与了原子弹的首次试爆，但他拒绝戴上特制的防辐射护目镜，因为他觉得如此难得的场面，不能隔着黑乎乎的眼镜看。最终，他选择站在卡车挡风玻璃后面，裸眼观看了爆炸的全过程。这个人就是物理学家理查德·费曼。

比尔·盖茨买下他讲课视频的版权，以便更多的人可以免费看到。比尔·盖茨说："他可以用有趣的方式解释任何事物。他**非常有趣！**"

上面几个故事的主人公都是名人，接下来的主人公则是几位普通人。

~ Ⅵ ~

世界各地的航空局会用一些代码来标识航线上的一些特定位置，用这些代码与飞行员进行沟通并指导他们飞往正确的目的地。

---

① 1965 年，理查德·费曼、朱利安·施温格和朝永振一郎一同获得诺贝尔物理学奖。

例如从 A 点到 B 点，飞行员需要经过三个特定的位置，这些位置以类似 GRNIN、HEHAW 这样的代码作为标识，而这些代码中的字母组合并没有其他含义。

尽管这些代码在过去从来没有变过，但在 1976 年的某一天，南希·卡利诺夫斯基——美国联邦航空管理局的空域和航空信息管理主任和她的同事决定赋予这些代码"生命"，他们开始筛选并采纳一些带有含义的、跟以往不同的词作为代码。

比如，飞往俄勒冈州，飞行员会经过代码 BUXOM，意思是"丰满"；飞往奥兰多，会经过名为"米奇"（MICKI）的代码，因为那里有迪士尼；飞往爱达荷州，会经过名为"胸部"（JUGGS）的代码；飞往堪萨斯州，会经过名为"肋骨"（RIBBS）、"辣的"（SPICY）、"烧烤"（BARBQ）的代码；飞往蒙彼利埃，居然搭配了"火腿"（HAMMM）与"汉堡"（BURGER）作为代码。

代码忽然活起来了，变得如此生动！想象一下大家用新代码沟通时的场景：

"喂！你要到'丰满'了吗？"

"到了，到了。"

"那接下来飞去'烧烤'吧？"

"我还是先去'火腿'那里吧。"

发明这些代码的人，真是有趣的人！

~ VII ~

一位普通北京女孩，身高 1 米 6，"略微"丰满，体重大概 170 斤，我们就称她为"微微"吧。有一次，微微的公司组织外出旅游，其中一个项目是体验坐马车。按照规定一辆马车需要坐满 20 个人才可以发车，但她坐的那辆马车当时只有 19 个人。因为还差一个人，司机迟迟不肯发车。当时正在车上的一位公司领导着急了，便和司机争执起来，两人你一言我一语，对抗愈演愈烈，眼看司机就要爆发了！就在这时，微微起身走了过去，笑着拍了拍司机的肩膀，又指了指自己说：

"哥，你看！我这体格，够不够两个人？"

本来想发脾气的司机瞄了微微一眼，扑哧一声笑了！全车的人都跟着哈哈大笑起来。

"我都一个顶俩了，那咱们就走吧。"微微接着说。

后来，司机真的就痛痛快快地发车了！

微微是我线下培训课的一位学员，我认为她也是个有趣的人。

~ VIII ~

在一个夏天的中午，一个人顶着大太阳在公园里四处寻找，他不是找厕所，也不是找冰激凌，而是找人。终于，在一棵大树下，他找到了目标。他要找的并不是熟人，而是一位他不认识的、看上去约 70 岁的老奶奶。

他上前问道："小姐姐，您好，您知道什么是'逻辑'吗？"老奶奶一脸诧异地说："不知道。"

他又说："那我尝试给您解释一下好不好？"原来他的真实目的是寻找一位陌生的采访对象。

老奶奶瞅着他，虽感觉莫名其妙，却没有拒绝。随后他便开始给老奶奶上起了逻辑课，极尽各种言语和手势，一边和老奶奶对话一边解释"逻辑"这个抽象的词语。随着对话不断地深入，老奶奶渐入佳境——越来越适应这突如其来的"授课"，慢慢地从摸不着头脑到可以说出"逻辑"的含义。

"下课"时，他从背包里取出两个高脚杯，倒上提前准备好的冰镇牛奶递给老奶奶，老奶奶羞涩地举起了杯，与他干杯。

上面发生的这些，都被他的助手用摄像机录了下来，并在获得老奶奶的许可后，剪辑成了一个名为"给老奶奶讲逻辑"的视频发到了网上。虽然这个视频的画面粗糙，剪辑拙劣，却在网上获得了超过100万次的观看和几万个点赞，网友直呼："太好玩了！这个老师好有趣！"

这是他众多视频作品中的一个。他在线下是一名职场培训师，在线上是视频博主，专门用有趣的方式演绎知识。从发布视频开始的一年多的时间内，他带有"有趣"标签的视频在网络上被累计观看超过1.2亿次，而在网友对这些视频的评论中，也数万次出现"有趣"二字。

这个人就是我。

读到这里你应该发现了，每个故事都提到了"有趣"二字。我们在日常生活中也经常会说"真有趣"，"那个人好有趣"。

那么到底什么是**"有趣"**呢？

这些故事中的人物有着显著的差异，他们来自不同的文化环境，不同的背景，不同的行业，做的事情不同，做事的动机不同，带给他人的反应也不尽相同。他们之中有的可能会让人哈哈大笑，有的只会让人在心里觉得"嗯～有意思"，还有的则会吸引人们进一步去了解他们。但他们都和"有趣"相关。那么到底是什么在背后"作怪"，又是什么在触动我们？

为了探寻这个答案，我深入研究了上百位被人们认为有趣的人。这些人来自不同的领域，比如科研、艺术、商业、教育、文学、工业等；来自不同的时代，既有几百年前的人，也有当代的人；有着不同的性别，既有男性，也有女性；有着不同的身份，既有举世闻名的人物，也有我们身边的普通人。

　　我尝试把故事中那些表层的东西拨开，去寻找其中更为抽象，更具普遍性的特征。就好像将 100 多颗咖啡豆进行烘焙和研磨，最终萃取出其中的精华——30 毫升的浓缩咖啡。

　　最终，我发现可以得到 4 "杯" 这样的精华，即有趣的人有 4 种特征。

独到的视角

　　如果一幅画的内容是一只母鸡和一个鸡蛋，要是让我给这幅画命名，我可能只会想到"母鸡下蛋"这样的名字。要是我再努力想一想，顶多会想到"努力的母鸡"。而黄永玉拥有异常独到的视角，他将这幅画命名为"生个蛋犯得上这么大喊大叫嘛"，以隐喻下蛋是母鸡的分内之事，用不着自吹自擂。母鸡的叫声确实很大，"咕咕嗒，咕咕咕嗒"！而下蛋也不一定非得叫啊。多么有趣！我怎么没想到呢？他是怎么想到的呢？

　　汉堡明明是食物，竟然还可以做航线代码！但这些代码确实让人无法忘记，比之前那些无意义的代码有意思多了！那些人又是怎么想到的呢？

　　这些便是独到的视角带来的有趣。

　　"视角"这个东西很奇妙，不同的人看同一个事物，可能有完全不同的视角。但不可否认的是，大部分人看待事物的角度是非常相似的，尽管这些看法不一定正确。例如：女生应该更擅长做家务；做事情拖延是不好的；记忆不会被主观意愿改变；一个说话结巴的人，思维往往较迟钝；一个人受到的威胁越大，越容易妥协；眼睛看到的就是真实发生的……

　　但庆幸的是，人类有好奇心。作家弗拉基米尔·纳博科夫说："好奇是最纯粹的反抗。"[①] 好奇心是对什么的反抗呢？我想它是对社会默认的常识和大众认知的反抗。而人们认为"独到的视角"

---

① 摘自《洛丽塔》（*Lolita*），原文："Curiosity is insubordination in its purest form."

有趣，或许正是因为它给我们提供了进行这种反抗的希望。

认知好奇心

更具体地说，人类区别于其他物种的好奇心是**"认知好奇心"**[3]，被称为"美国心理学之父"的心理学家威廉·詹姆斯将其定义为"获得更好或更完整的认知的冲动"[4]。

当某人抛出一个和我们关于某事物的视角不同的视角时，我们便会启动认知好奇心。具体地讲，认知好奇心通过三种驱动因素促使我们去关注或探索特定信息：

- 获得刺激或启发
- 消除不确定性
- 获取知识

在前面的例子中，黄永玉先生的视角就像一只小鸟撞在我们脑门儿上，**刺激或启发**了我们，并让我们停下来品味其中的含义，这属于第一种驱动因素；假如你和另外一个人在树林里散步，这时蜂窝里飞出来一只蜜蜂蜇了你却没蜇对方，在继续往前走之前，你会因为担心而想搞清楚为什么只有自己被蜇了，这便是第二种驱动因素——**消除不确定性**；譬如当你正在看月亮，朋友提出一个问题：人的肺部要达到多大的压力值，才可以把一口气吹到月亮上，让嫦娥可以闻到你嘴里薄荷口香糖的味道？你为了揭开这个浪漫的谜题翻开落满了灰的物理课本，这便是第三种驱动因素——**获取知识**。

正是这种认知好奇心推动着人类的科研进步、教育发展等。如果人类没有认知好奇心，或许我们永远都无法理解为什么船桨在水里是弯曲的，无法弄清糖尿病的发病原理与治疗机制，也不会发现月球上也有山脉。

我们因为一个独到的视角而觉得一个人有趣，不仅因为它启动了我们的认知好奇心，还因为产生好奇的过程是愉悦的。

奖励般的甜蜜

美国加利福尼亚大学的心理学教授西莱斯特·基德试图通过一个神经系统科学实验来观察人们在产生认知好奇心时，大脑有什么样的体验。在实验中，参与者会读一些不同内容的资料，并标出哪些资料让他们产生了好奇。[5]同时在这个过程中，实验人员会通过功能磁共振技术对参与者的大脑进行扫描，观察其大脑的哪些区域会被激活。

实验结果表明，当参与者对某些资料产生好奇时，大脑中活跃的区域正是产生奖励期待时大脑被激活的区域，也就是说好奇触发了奖励期待的状态。

什么是"奖励期待"呢？想象一下：小时候在你生日的前一天晚上，当妈妈说明天会送一个让你惊喜的礼物时，你是什么感觉；或者当你去听一场期盼已久的音乐会，幕布缓缓拉开时，你是什么感觉；再或者当你饿着肚子来到教室刚刚坐下，同桌说她书包里有一块儿巧克力饼干时，你是什么感觉。

以上这些感觉就是"奖励期待"——我们对那些还未发生，

但可以获益的事情所产生的积极、美好的憧憬或想象。

　　独到的视角会触发我们的认知好奇心，这个过程就像妈妈的礼物、同桌的巧克力饼干一样美好，难怪我们对独到的视角如此着迷。

非常规的行为

　　如果翻看前面的故事，你会发现有些人之所以让我们觉得有趣，是因为他们的行为方式与大部分人不同。

　　在众多的喜剧演员中，唯独卓别林把喝汤先生的胡子戴到了自己的鼻子下面，这个非常规的装扮成为他的一个独特标志。虽不能说这是演出成功唯一的决定性因素，但据卓别林回忆，当时的演出效果非常好，因为在这之前，观众从来没有见过与胡子相关的滑稽表演。除了胡子，他还运用了大量其他让观众觉得有趣的方式，但这些本质上都是观众没有预料到的行为，例如帽子跌落，突然跌倒等。就像卓别林自己形容的那样："我无意中找到了搞笑演出的秘诀，那就是出其不意。"

当我把黄永玉先生50岁考驾照，80岁开跑车的故事讲给朋友听时，她说一定要讲给自己的母亲听一听，因为她觉得这个老先生和同龄人太不一样了，她希望别具一格的老先生可以启发母亲，让她也突破一下自己。

同样，费曼拒绝戴护目镜去观看原子弹爆炸也不是一个常人会做的事情。

在"给老奶奶讲逻辑"那个视频中，假如我对着镜头正襟危坐，一板一眼地讲解："逻辑是个抽象概念，它是指事物之间……"无论我讲得多么正确，逻辑性多么强，大家都不会认为这是有趣的。而观看者纷纷评论有趣，是因为视频里讲授知识的方式和常规的方式不一样：首先，我不是在教室讲，而是在户外随便找了一个陌生人给人家讲。其次，这个陌生的"学生"也不太常规，她不是学生或者上班族，而是个可爱的老奶奶。最后，讲知识的过程也不常规，在视频的前半部分，老奶奶根本听不懂我讲的"逻辑"到底是什么，而我也急得满头大汗。因为我一开始刻意用晦涩的语言和她解释，希望可以作为一个反例来演绎什么是失败的沟通，同时这种"失败"也会让大家觉得有趣，毕竟这么笨的老师，这么尴尬的教学场景实在是太少见了。

所有这些非常规的因素聚集一起，让这次教学一方面显得很"奇怪"，另一方面又赢得了大家的喜爱。

再比如，以前大部分画家都是用画笔在纸或画布上作画，但抽象表现主义绘画大师杰克逊·波洛克在1947年创造了一种"滴画法"——首先他把一大块画布铺在地上，然后把颜料装进带孔的盒子里，或者蘸在刷子上，随后他一边光着脚在画布上走动，一边把颜料滴溅在画布上，形成复杂错乱的网状画风。

这种独特的画风与行为引来了众多效仿者，甚至引起了数学家与物理学家的关注，因为他们想弄明白为什么如此随意的画法依然饱富美感。后来波洛克的故事也被拍成了电影。

除了杰克逊·波洛克的"滴画法"，艺术家埃德加·阿尔提斯甚至放弃了使用颜料，直接用洋葱叶子、干辣椒、石榴籽等摆出漂亮的裙子，还有的艺术家用盐、钉子，甚至是轮胎作画。这些奇特的画法逐渐被众多艺术培训机构借鉴，并发展成为"趣味美术课"。这些有趣的艺术家的共性也是"非常规"。

当然并不是所有非常规的行为都会带来有趣。比如开会时突然骂一句脏话，在餐厅里点了一盘菜又倒掉，都属于非常规的行为，但我们并不会觉得这些行为有趣，而是会觉得无厘头甚至怪异。非常规的行为如果要变得有趣的话，我认为需要有两个基本条件：一是行为无论大小必须要建立在积极的追求上，例如为他人带来快乐，完成一个目标，或仅仅是为了自己过上更好的生活等；二是不妨碍或不侵犯到他人。

（关于有趣的行事方式，将在第八章展开。）

那么为什么非常规的行为会吸引我们呢？

原始本能

其实我们每天睁眼看到的所有事物，超过九成都是我们熟悉的或者能预料到的：天花板的样子，牙刷的形状，马路上出租车的颜色，公司电梯里的味道，老板门牙的色号，甚至客户开口说的第一句话等。

但请想象一下，如果你所在城市的出租车在过去 10 年内一直都是黄色的，然后突然有一天，你看到路上有一辆粉嘟嘟的出租车，你会不会多看两眼这个灵动的"异类"？

再比如你们村子里的猪都是白白嫩嫩的，但有一天你看到一只淡紫色的小猪走着猫步从你眼前经过，你会不会觉得这只猪有点儿意思呢？当然，要是有只白白嫩嫩的猪突然发出"喵呜喵呜"的叫声，你同样会觉得有点儿意思。

我们每天都会看到常规的事物，这导致我们对它们的存在已经近乎麻木，甚至会直接忽略掉。而当非常规的事物出现时，它们会引起我们的关注，让我们觉得："哇！好新奇，有意思。"就连5个月大的婴儿如果重复看到同一个东西，也会因为失去兴趣而把头转向另一侧，直到一个没有见过的新东西出现在他们眼前。[6]

我们会关注新奇的事物，是出于动物和人类的原始生存本能。试想在远古时代的某一天，我们的祖先在丛林中突然看到一种从来没有见过的红色果子，他下一步会做什么呢？自然是去尝尝啊。不过在吃之前，他还需要一个非常重要的条件，那就是吃的动机，得先有动机促使其走到食物面前，然后调动嘴巴周围的肌肉，张开嘴，最后才能吃。任何维持生命的活动都需要动机，而动机也就是我们想要去做一件事的欲望。

那么这和关注新奇事物有什么关系呢？究其原因，我们在看到新奇事物时，大脑会自动分泌出多巴胺—— 一种神经传导物质。多巴胺负责提供动机，而不是快感。

你可能会感到疑惑：吃还需要动机吗？密歇根大学的肯特·贝里奇和特里·罗宾逊在2016年做了一个实验[7]，他们首先给大鼠品尝美味的糕点，大鼠会由于体验到了快感而不断想吃；但是当大鼠被人为地抑制了多巴胺的分泌后，它获得糕点的动机就全部消失了，直到被饿死。可见，一方面连吃这样的事情也需要动机，另一方面多巴胺确实影响着我们做事的动机和欲望。这也是为什么当我们看到那些新奇事物时，会在多巴胺的刺激下集中注意力并去了解这些事物，因为这是生存的一个必要保障。

因此，假设我们的祖先看到了没有见过的果子，或者发现了一种长着 4 条腿的会跑的动物，却没有萌生去关注，去采摘，去捕捉的动机，他们可能早就饿死了。觅食、寻求配偶、繁衍、迁徙等生存需求都和关注新奇事物有关。尽管今天我们被粉嘟嘟的小汽车吸引不是因为想吃掉它，儿时的我们第一次看到旋转木马激动地飞奔过去也不是为了生存，但这个属性一直在暗暗地刺激我们，让我们去探索那些非常规的事物。

幽默的表达

同样的内容，由不同的人讲出来，有人讲得枯燥乏味，而有人讲得会让人面部的 17 块表情肌跳起舞来，这便是幽默的表达带来的效果。特雷弗·诺亚关于"大男孩儿深夜上厕所"的段子要是换一个人讲，或许效果就会大打折扣。观众之所以觉得他有趣，是因为他总能把一些普通的小事，如深夜去方便、乘坐飞机、遇到交警，甚至母亲中枪这样的遭遇讲出花样，讲出幽默，把大家逗笑。

荒谬与合理

前面故事里的女学员微微在那样紧张的局面下说自己一个顶俩，这远远比说"师傅，你赶紧走啊"轻松得多，管用得多，而且瞬间化解了剑拔弩张的局面。

为什么她的幽默能够起到化解冲突的作用呢？一方面，她的幽默很荒谬——一个人怎么会等于两个人呢？这完全偏离了逻辑；另一方面，这份荒谬在她无畏的自嘲下（因为我胖所以我可以顶俩），又显得如此俏皮。最终，伴随着司机的笑声，这份俏皮让荒谬变得合理。你能想象一个忍不住哈哈大笑的人在和别人吵架吗？

正如人类学家艾尔弗雷德·布朗所说："试图抵制幽默，只会让幽默更好笑。"[1] 特雷弗·诺亚所说的深夜讲俄式英语就可以壮胆乍一听也是荒谬的，但其语调和气势之间又确实有那么一丝关联，正是这种小孩子似的想法让人们在思考片刻后捧腹大笑。

幽默的表达让我们觉得一些人有趣，因为正是透过幽默，我们才得以窥见那种可以在荒谬和合理之间自如转换的珍贵的智慧与勇气。

必不可少的幽默

TED 演讲应该是全球范围内观看人数最多的演讲平台了，在那里演讲过的嘉宾包括比尔·克林顿、斯蒂芬·霍金、比尔·盖茨、《泰坦尼克号》和《阿凡达》的导演詹姆斯·卡梅隆、李开复等人。TED 演讲对嘉宾演讲质量的要求非常高，嘉宾会从文稿、表达技巧等各个方面精心打磨一场演讲，以便让 15~18 分钟的演讲给观众带来有价值且享受的体验。

这样高水准的演讲会在多大的程度上应用幽默？

我做了一个统计，首先从优兔上的 TED 频道中找出观看量

---

[1] 原文："Attempts to sanction humor formally only further empower the joke's significance."

最高的 10 个演讲视频，这几乎代表了观看者最喜欢的视频。① 然后我数了一下这些视频中观众笑的次数，并算出平均每分钟笑的次数（总次数 / 演讲时长），即笑频，以此来衡量演讲者运用幽默的程度。需要说明的是，这些演讲者并不是脱口秀演员或喜剧演员，演讲的主题本身也并非搞笑类，而是类似"学校扼杀创造力"这样的中性主题。

结果在这些演讲中，观众平均每分钟笑了 1.3 次！在《拖延症大师的内心世界》这场演讲中观众的笑频甚至达到了 2.4 次 / 分钟，平均每 25 秒观众就会笑一次！

笑频为 1.3 次 / 分钟是什么概念呢？让我们来和喜剧电影做一个对比。视频媒体服务商 Lovefilm 按照观众的笑频列出了史上最好笑的 10 部喜剧电影，例如《美国派》。[8] 这些电影的笑频从 1.2 次 / 分钟到 3 次 / 分钟不等，平均是 1.8 次 / 分钟。优秀的演讲者通过运用幽默居然让演讲产生接近喜剧电影的笑声频率！

当然，喜剧电影的时长更长，而且我们也没有衡量笑的剧烈程度，不过结论是清晰的：优秀的演讲者在使用大量的幽默来让自己的表达更有趣。

---

① 非官方项目 TEDx 中的视频未统计在内，并去掉了两个不适合笑的视频，一个是《下次的疫情暴发？我们还没准备好》，其内容涉及触目惊心的死亡数字，另一个视频讲到了处决、饥饿至死、逃亡等话题。其他视频为《拖延症大师的内心世界》《怎样说话人们才会听》《错误引导的艺术》《精神病测试的另类答案》《我如何做到水下屏气 17 分钟》《别对我撒谎》《学校扼杀创造力》《肢体语言塑造你自己》。

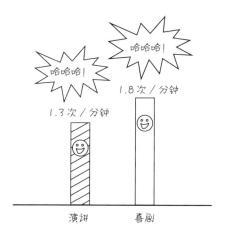

图 1-1　TED 演讲与喜剧电影的笑频

　　与非常规的行为和独到的视角相比，幽默的表达是一种能更直接地让人们感受到有趣的特征。它让人们窥见幽默背后的智慧与勇气，还让人们从中获得一丝轻松。

　　（关于如何让表达更有趣，将在第七章展开。）

多面的合体

　　"你确定你以前是麦肯锡 [①] 顾问吗？"这是一位网友看到我的简介后，在视频下面的留言。我知道他是在调侃，因为视频里出

————————

① 麦肯锡是成立于 1926 年的全球化管理咨询公司，连续多年被 Vault 评选为最受尊敬的咨询公司，也被称为"CEO 工厂"，这是因为在离职的员工中有超过 300 位在规模超 10 亿美元的公司任 CEO。

现的那个叫朱老丝的人，太不像麦肯锡顾问了。不过，这位网友的调侃也确实代表了不少人的疑惑。

"假顾问"的 AB 面

在创业做培训之前，我曾在麦肯锡做了三年多的咨询顾问。作为一家主要为各个行业头部企业的 CEO（首席执行官）或决策层提供战略咨询的老牌公司，麦肯锡给人们造成了一种刻板印象：当提到麦肯锡顾问时，人们通常想到的都是"专业""商务""严谨"，甚至是"严肃""清高"这样的字眼，对应的画面也应该是西装笔挺，皮鞋闪亮，牙齿上"镶"着专业，瞳孔里透着高傲的精英形象。

然而，视频里的那个麦肯锡顾问完全是另外一种画风，他时而妖娆，时而卖萌，时而把 T 恤套在头上扮演女老板，时而抬起小拳拳学猫叫，时而扮作被老板扇耳光的呆萌员工，时而扮作村里留着鼻涕的智力障碍者。麦肯锡顾问怎么可以这样？这是个假顾问吧？难怪看视频的人会感到疑惑，甚至一些通过线下认识我的学员说，视频里的我让他们感到分裂。

我想这可能是大家觉得我有趣的另外一个原因。这个人既不同于大家印象中的麦肯锡顾问的样子——多了"不正经"的一面，也不同于典型的搞笑博主——多了商界顾问严肃的一面。就像一盒磁带有 AB 面一样，只不过这两面的音乐风格差别很大，一面是古典，一面是雷鬼或嘻哈。

　　2020 年夏天，美妆品牌资生堂找到我，希望我为其新款"红腰子精华"产品设计并拍摄一条视频广告，发布在网络平台上。我刚开始有点儿蒙，因为他们邮寄过来的用精美的红色玻璃瓶包装的样品分明是一款女性产品。沟通之后我发现，对方并不是让我展现女性魅力，而是希望我展现 AB 面的转换之路，因为这正是他们当期产品的主题——从一面突破到另一面。

稀缺的交集

　　作曲家有很多，可并不是每位作曲家都有那么高的热情去钻研美食，开发食谱；可以讲授光的粒子性和波动性的大学物理学教授也不少，但并不是每个物理学教授都有兴趣去学习并演奏非洲鼓。正是 AB 面二者的碰撞，让我们看到了罗西尼、费曼等人作为个体的丰富性。

　　这就像数学中的"交集"概念，有人是 A，有人是 B，而有人是 A∩B。

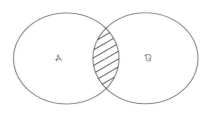

　　交集这个数学概念，在商业创新和艺术等领域也有广泛应用，只不过是以更为抽象的方式呈现。例如在商业领域，租车、自助服务、分散式停车三者的交集带来了自助租车的商业创新；在艺术领域中，戏剧、音乐、舞蹈三者的交集碰撞出了音乐剧。

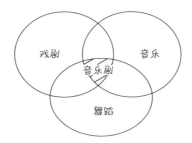

　　交集同样能给人带来有趣的碰撞。

　　我很欣赏踢踏舞大师格雷戈里·海因斯，和其他踢踏舞者不同，他会在双脚舞动出美妙的弧线和节奏的同时放声高歌，带给观众视觉和听觉的双重冲击；后来，他还在自己出演的电影《白夜》中融入了踢踏舞。踢踏舞、演唱、电影的交集使他比普通的舞者更有吸引力。

　　那么为什么我们会觉得处在交集的人更有趣呢？因为**交集更稀缺，也更立体**。

图1-2　格雷戈里·海因斯[9]

我在麦肯锡工作期间，曾作为面试官面试过大量的应聘者，其中有一个周末我在清华大学面试了16位应届毕业生，但在周日复盘做最终筛选时，我很难清楚地回忆起每一个人的情况。那么什么样的面试者会打动我呢？如果他只是每年成绩名列前茅，我不会有太深印象，因为当时有好几位学生的成绩都很优秀。如果他获得过小提琴比赛一等奖，我仍然印象不深，因为其他人也有特长。但如果他既有成绩突出的一面，又在其他方面拓展兴趣，那么我会印象很深。

多面就一定有趣吗？不一定。

首先，不论一个人是有两面还是更多面，都不能太浅显，虽然不一定要达到专业级别，但得有一定的建树或深度，因为深与浅存在显著的区别。假如一个人只是喜欢在KTV唱歌，那么这一"面"就不太能成立，可要是他学过美声唱法并且利用业余时间参加合唱团，这就能称得上一个"面"。

其次，多才多艺和有趣之间并不能画等号，有不少人从小参加各种才艺班，既是钢琴十级又是奥数冠军，他们或许会让人觉得很厉害，但接触之后，并不一定会给人有趣的感觉，因为就像我们从罗西尼身上看到的东西那样，关键是透过多面的合体，我们看到了一个人对世界的好奇并且以超出一般的热情去探索、去拓展，这种由内而生的东西才会感染到我们。

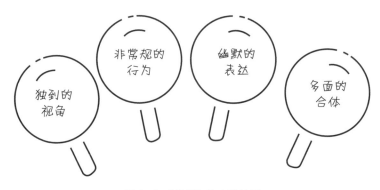

图 1-3 "有趣"的 4 种特征

从以上可以带来有趣的 4 种特征① 我们可以发现，有趣是一个多维且深刻的定义。它不等于滑稽，也不仅仅是幽默，它既可以表现在一个人的行为或表达方式上，也可以融入一个人看待世界的视角，又或是体现在我们作为个体的存在方式上。**有趣带给**

---

① 有趣的人之所以让大家觉得有趣，是因为他们所展现出来的外在特征，即人们能看到的部分是有趣的。至于是哪些内在的东西在支撑"有趣"，我将会从第四章开始讲解。

人们的可以是一种愉悦，可以是一种轻松，可以是一种认知上积极的触动，又或者是一种带有立体感的魅力。

需要说明的是，上面这 4 种特征并不是互相独立的，同一个人可以体现出多种特征，而各种特征之间也是相互关联的。例如，幽默的表达可能会建立在一个独到的视角上（比如讲俄式英语可以在半夜壮胆）；费曼既有非常规的行为，也是个多面的合体；当一个人涉猎多面时，也会反过来激发一些独到的视角（比如将凤尾鱼作为音乐主题）；等等。

另外，成为一个有趣的人也并不需要同时具备以上全部特征。哪怕一个人说话并不幽默，但如果他做事的方式很特别，打破了常规，也可以做到有趣。同理，一个人也不一定非要有很多面，哪怕他只钻研一个特定的领域，当他看待问题的视角足够触动人们时，他也可以成为一个有趣的人。具备其中一种或多种特征，就可以做到有趣。

（从第二章开始，除非特殊提及，否则"有趣"均指代上述 4 种特征中的一种或多种。）

趣商

我们总会由于不同的原因被一些人触动或吸引，比如某些人智商特别高，可以做到过目不忘或背出圆周率小数点后 500 位；某些人销售能力特别强，他一年的业绩比团队里其他人加起来还要高；或者某些人情商特别高，他在不同的场合都可以把话说得得体；某些人很有同理心，做事的时候总能顾及别人。这些人或多或少会受到人们的钦佩或欣赏。但是，当进一步思考前文中的故事时，我发现有趣的人表现出来的特质，似乎和智商高、情商高的人的特质并不一样。

对于智商，基于被广泛应用的"韦氏智力测验"和"斯坦福-比奈智力测验"中的测试项目[10]，它往往指的是记忆力、数字推理能力、快速检索能力、文本理解能力、抽象逻辑能力、视觉空间推理能力等。

对于情商，首先提出这个概念的彼得·萨洛维和约翰·迈耶教授给出了定义：意识到自身的情绪，管理自己的情绪（如恼怒、挫折），自我激励，识别他人的情绪，处理人际关系。

对照智商和情商的定义，有趣的人身上的那些美好的特质被涵盖了吗？显然没有。智商和情商都高的人，不一定能把"深夜上厕所"的故事讲得如此好玩，甚至都不一定会开口去讲，也不一定能给母鸡下蛋这样的画作起一个如此让人意外且有趣的名字；哪怕是经过专业的表演训练，智商和情商都高的人也不一定能把吃晚餐时看到的胡子变成自己滑稽表演时的道具。当别人都在为身材发愁时，微微却可以拿自己的身材开玩笑，从而化解一场冲突。当然，要拍摄一个有趣的视频作品，高智商和高情商也不足以成为一纸秘方。

带来有趣的那4种特征所蕴含的能力与特质，是和智商、情商非常不同的东西，我称其为"趣商"。

趣商与智商和情商有何不同呢？例如：高智商可以帮助啄木鸟在树上快速找到最软的部位，然后用喙凿出个小洞把榛果藏好，而趣商高的啄木鸟在树上凿洞时，还不忘咚咚咚地敲出《土耳其进行曲》般的节奏，从而让这个重复性动作不再枯燥。高智商可以确保蚂蚁找到回家最短的路，而趣商高的蚂蚁还会在路上用脚印踏出一个可爱的心形。情商高的猴子能在社交关系复杂的森林里混得游刃有余，而趣商高的猴子还会向啄木鸟学习打击乐，向蚂蚁学习脚印作画法。

趣商代表了那些能够帮我们获得 4 种有趣特征的内心状态与能力。我将在第四章开始进一步解开趣商的密码，即如何才能变得有趣。

当然，趣商与智商和情商，并不是对立或互斥的关系，而是相辅相成的，就像智商和情商之间的关系一样。例如，趣商以一定的认知能力为前提（将在第六章详细展开），认知则以智商或者情商为基石，但智商和情商绝不等于趣商。

在探讨如何变"有趣"之前，先来开启一个重要的问题："有趣"有用吗？

测测你的"趣商"（简单版）

（1代表非常不同意，2代表不太同意，3代表中立，4代表同意，5代表非常同意）

A1. 周围的人（同事、朋友等）都认为我看问题的视角很独特。

【1】【2】【3】【4】【5】

A2. 周围的人（同事、朋友等）非常喜欢听我表达一些观点或见解，哪怕我讲两个小时他们都乐意听。

【1】【2】【3】【4】【5】

B1. 我常常会做一些身边的同事或朋友不好意思或不敢做的事（不包括违法的事情哦）。

【1】【2】【3】【4】【5】

B2. 我总是用和其他人非常不一样的方式去做事。

【1】【2】【3】【4】【5】

C1. 我讲话时，总会引得其他人发笑。

【1】【2】【3】【4】【5】

C2. 不论在什么场合，我总是善于用幽默化解不轻松的氛围。

【1】【2】【3】【4】【5】

D1. 除了本职工作，我还有另外一项会持续投入时间（5年以上）的爱好，且对这个爱好的掌握比身边大部分人更深入。

【1】【2】【3】【4】【5】

D2. 我对不同领域都有着很强的好奇心，且会付诸实际行动，投入金钱或时间（5年以上）去学习、探索。

【1】【2】【3】【4】【5】

测试结果分析：

（1）如果你有任意一项的得分在 4 分或 4 分以上，说明你已经具备有趣的一面。

（2）在 A、B、C、D 4 类问题中（对应本章的 4 种有趣的特征），把每类中的两个问题的得分相加（例如 A1 + A2），得分在 9 分或 9 分以上说明你在该维度上已经非常有趣了。

（3）如果总分在 36 分或 36 分以上，说明你是一个从多个角度看都非常有趣的人。

（4）如果还未达到结果（1）的程度，说明你的趣商还有很大的上升空间哦。

（注意：（2）与（3）之间不存在高与低的比较关系。）

详细版趣商评测
请扫描下方二维码
回复"趣商测试"参与

有趣是一个"系数",有趣的作用是对我们其他各项能力进行点缀、放大。

2

"有趣"有用吗？

你通宵达旦地值过班吗？

我在泰国曼谷工作的那几年，在西门子①的国际呼叫中心做过三个月的客服。这算是公司最底层的职位，我的薪水只够负担 8 平方米的房租和基本的一日三餐。简单来说，客服的工作内容就是接听世界各地的企业客户打来的求助或投诉电话，如："喂！你们的系统又出故障啦！"

由于需要接听来自不同时区的电话，这项工作是 24 小时轮岗制，总共分为三个班次，白天两个，晚上一个。夜班从晚上 10 点开始，持续到第二天早上 6 点。几千平方米的敞开式楼层里几乎空无一人。即便如此，我还是经常主动申请去上更辛苦的夜班，因为这样可以让团队的其他同事在晚上睡个好觉。当然，如果不是值夜班可以拿到双倍日薪，我应该也不会那么主动。

最初，我认为这份工作唯一有趣的地方，就是可以听到世界各地的花式英语，例如舌头捋不直的印度英语，鼻子不通气的法

---

① 西门子是一家德国的综合性跨国企业，由沃纳·西门子和约翰·哈尔斯克于 1847 年在柏林创立。

式英语，乍一听以为是日语的日式英语等。余下的大部分时间是极其枯燥，甚至有些压抑的，一方面是因为日夜颠倒，夜里办公室几乎没有人，另一方面是因为许多客户讲的英语我听不太懂。我在好不容易听懂了之后，却发现客户总是翻来覆去问些同样的问题。而且倘若我的态度稍有不好，还会被客户训斥，那么问题又来了，当他们训斥我的时候，他们的英语表达会突然变得复杂起来，我又听不懂了，如此循环往复……

可是，在这样无数个夜班里，我没有无聊的感觉。因为经常和我一起值夜班的还有一位伙伴，他叫 CJ，是泰国本地人。猜猜夜里的那 8 个小时，除了接电话他还会做些什么呢？他会用夸张的方式模仿那些客户的口音，或者讲一些刚刚学到的笑话，偶尔教我唱一些泰国歌曲，兴致高昂时，他还会跳一段传统泰式舞蹈。以至于后来，我也参与了这档在空旷办公楼里上演的"深夜自嗨秀"节目。我们自导自演，自己看，自己为自己鼓掌。

如果说当时那份枯燥乏味的工作是深夜里渺无边际的暗黑森

林，那么 CJ 带来的就是点亮夜空的朵朵五彩缤纷的烟花，让我不时地抬起头，恍若置身另外一个世界。十多年过去了，我现在回想起这段经历仍然感觉满是乐趣。

正如我们看到的，有趣不仅仅是人作为个体的一种存在形式，它还是有益的，它对于我们的**心理状态、表达、人际关系、个人魅力**等方面都有独特的作用。

有趣与心理状态

在上面这个故事中，我面对的情况——工作一成不变、缺乏新鲜感，应该也是许多人都会遇到的，可这些仅仅是我们在日常生活工作中，所要面对的众多现实的一部分。每个人都会不可避免地遇到各种负面、黑暗的时刻，例如：被老板叱骂一通，受到同事的排挤，被朋友背叛，付出了辛苦却没有获得认可，好心劝告反被误解，投资炒股赔光了一年的积蓄，被合作方毁约等。在这些情况下，我们以何种心理状态去面对这些艰难时刻就变得十分重要。心理状态如同一艘轮船的发动机，它决定了我们是否还有力量继续乘风破浪。

那么，有趣对于我们的心理状态会有什么样的影响呢？

在一项研究中，258 名参与者填写了一份包含上百个问题的问卷。[1] 其中有一类问题是关于他们幽默有趣的程度的，如"我风趣机智的语言总会让大家感到很开心"，"朋友认为我经常讲一些有趣的事情"（让参与者选择同意的程度）。还有一类问题是关于他们在生活中的负面感受的，如"每隔多久会感受到无力应对当下的困难"（让参与者选择频率的高低），"我会担心不好的事情发生"（让参与者选择同意的程度）。

这两类问题在问卷中会交错出现。填写完后，研究人员基于参与者对第一类问题的回答——幽默有趣的程度，将问卷区分成两组做进一步分析：一组幽默有趣程度较低，另一组幽默有趣程度较高。随后在分析他们关于第二类问题的答案时，研究人员发现，两组人在负面感受上有着明显的区别：相比幽默有趣值低的那一组人，幽默有趣值高的人对于压力和焦虑情绪的感知都明显更低，前者的两项分值分别是 29.7 和 44.4，而后者只有 24.1 和 34.2，后者比前者低 20% 左右。[①]

可见，**有趣的人往往负面感受更少。**

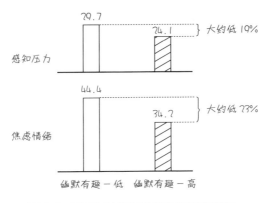

图 2-1　不同的人感知压力和焦虑情绪的差异

---

① 在该实验中，参与者感知压力的最高值是 56，感知焦虑情绪的最高值是 80。

从正面的相关性来看，心理学界以及医学界的众多研究也发现有趣的人往往有着更加积极的情绪，诸如乐观、满足等。[2, 3]"积极心理学之父"马丁·塞利格曼在研究影响一个人幸福感的因素时，也将"有趣幽默"列为其中之一。

如果我们从结果倒推原因，为什么有趣可以带来更积极的状态呢？答案主要有两点：它能带来能量的补给与积极的视角。

能量补给

就像超级玛丽需要吃蘑菇，大力水手需要吃菠菜一样，处在人生这场游戏里的我们也需要补充能量。在一个很"淘气"的实验里，74 名参与者首先被要求做了一项枯燥且难度系数颇高的任务——在一些文章中找出所有的字母"e"。[4] 这个任务的用意是在最大程度上耗费他们的脑力。接下来，参与者被随机分为 A、B、C 三组并分别观看了一段视频。

- A 组的人看了一段不带任何情绪色彩的视频（给商科学生讲管理）。
- B 组的人观看了一段让人有舒适感的视频（海豚游泳）。
- C 组的人观看了一段有趣的视频（憨豆先生）。

看完之后，参与者进行另一项非常复杂的任务：他们需要在电脑上阅读很多份资料，每份资料都包含大量的某位企业员工的基本信息，例如年龄、所在部门、教育经历、过往工作经历等。然后他们基于每份资料上的信息来猜测这位员工过往的工作表现，从高到低分为 4 档。每次在他们猜完后，电脑上都会显示正确与否，猜对 10 位员工的表现才算获胜。同时，如果参与者觉得难度太大或者太过无聊，也可以选择中途退出。

这个实验最有意思的地方在于工作人员对电脑程序做了刻意设置，永远不可能有人连续猜对 10 次。因此这个任务其实是模拟了一个枯燥且艰难的场景，就如同我们在生活和工作中，有时需要面对某些毫无尽头的场景。这样设置的目的是，观察测试参与者何时会退出任务，看他们到底能坚持多久。结果发现，看了有趣视频《憨豆先生》的 C 组参与者，在这项不可能完成的任务中明显比其他两组坚持得更久，在退出前尝试猜测的次数是另外两组的两倍多！

由此可见，**有趣带来的愉悦不单单是一种精神上的休息，它还像一个"能量棒"，给予人们能量补给，让我们把在生活中损耗的电量补回来，为我们提供坚持下去的力量。**这也就不难解释，为何 CJ 和我可以凭着"深夜自嗨秀"熬过那么多无聊的夜晚。

积极视角

假设马路上的一位精神失常者向你身上扔了一个烂西红柿，你会怎么想呢？

- A：我怎么这么倒霉！
- B：那个人怎么这么讨厌！
- C：他一定是在向长得好看的人示好。

同样一件事，可以有很多种诠释。而对事物的有趣的诠释带给我们的不仅是哈哈一笑，还会在深层改变我们看待这个世界的角度。这也是有趣会使人更加积极的又一个原因。

梅逊·扎伊德不幸天生患有脑瘫，无论她是坐着还是行走，全身都会不受大脑控制地不停抖动，甚至无法正常站立。但是，她在一次演讲中是这样说的：

> 你们真的不用为我感到难过，因为在你们生活中的某些时刻，你们也想过成为我这样的人。例如，你在圣诞节开车去商场购物，在你绕着商场一圈又一圈却找不到停车位时，你看到的是什么呢？是 16 个专门留给残疾人的空车位！这时你会想："上帝啊，我能不能也有点儿残疾呢？"

这时台下的观众会心一笑，因为他们确实有过类似的想法。

扎伊德以完全不同的视角来看待自己的残疾：别人看到的是残疾带来的不便、劣势，而她看到的是便利、优势。这也是为什么作为脑瘫患者，她仍然能够获得一些正常人无法企及的成就——获得亚利桑那州立大学的表演学学位，并出演电视剧、舞台剧，同时还是脱口秀演员。

这就叫作**积极重评**，即以积极的角度去重新看待并评估所面临的问题。在前面那个258人参与的研究中，就有一些问题是关于人们会在多大程度上运用积极重评的。譬如：有的问卷题目是"我遇到的问题帮助我发现了生命中更重要的事情"（让参与者选择同意的程度）。结果显示，幽默有趣值高的人往往会更多地使用积极重评。①

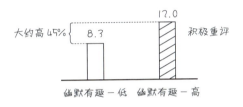

图2-2　有趣与积极重评的应用

可见，有趣除了是"能量棒"，还是一个"三棱镜"，平淡的光从一端进入，在另一端会折射出赤、橙、黄、绿、青、蓝、紫。

有趣与表达

"如何判断一个犯人是在说谎呢？那就是当他的嘴唇在动时。"

---

① 在该实验中，参与者积极重评的最高值是21。

听到这句话时，在场所有的狱警都笑了。这是美国努瓦监狱的一名警官在新人培训中向新进职员讲的一个规则，后来被大家当作笑话广为流传，最后无人不知。无论这句话是否足够严谨，这位警官的表达是成功的——他让大家记住了这句话，并且轻松地传递出了它的含义——对犯人说的话要永远保持怀疑态度。

试想一下，假如他不是用上面那句有趣的话来表达，而是说"大家要对犯人说的话保持怀疑态度"，可能远远达不到上述效果，这便是有趣给表达带来的特别之处。

下面，让我们把镜头切换到以色列的一所学校。

这是在学校里真实开展的统计学课程[5]，参与课程的 161 名学生被随机分到了两个不同的班级。其中一个班（一班）采用常规的教学方式，另外一个班（二班）则采用更为有趣的教学方式。针对二班的有趣教学，包含笑话、卡通漫画等方式，例如老师在讲到统计学中的"标准差"概念时，利用漫画中探险家和鳄鱼的有趣对话来进行解释。

一个学期后，一班和二班的学生统一参加考试。最终结果显示，一班学生的平均分为 72 分，二班学生的平均分是 82 分，比一班整整高出了 10 分！

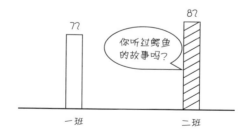

图 2-3　两个班级的考试平均分

后来这个实验在另外一群学生中再次进行，而且换成了不同的课程——心理学课。结果仍然一样，接受有趣教学方式的那一组学生的分数明显更高。[①] 有趣为什么会带来更高的分数呢？只是因为好玩吗？

强化动机与思考

首先，一些更为细致的研究发现，有趣的表达增强了两个关键元素，即听众的**记忆**和**理解**。[6] 在有趣的表达方式下，人们对表达内容在一段时间之后的记忆留存和对表达内容里各种信息及观点的理解程度都更高。

尽管以上是教学场景，但记忆和理解这两个底层元素，是所有沟通表达中的关键。简单来说，就是我们希望对方准确地知道我们要表达什么，并且在一段时间后仍然保持深刻印象。

那么为什么有趣可以增强记忆与理解呢？

究其原因，在有趣的表达中，往往有一些和我们原本认知不太一样的角度或者不同寻常的元素，例如第一章中黄永玉给画作取名的风格，特雷弗用俄式英语来壮胆，南希和她的同事用"汉堡"作为航线代码等，这些都和我们一贯的认知有着明显的不同。而这恰恰会激发听众大脑产生出两个重要的活动：首先，产生更强的**好奇心及动机去理解**：这到底是怎么回事？其次，进行比理解常规内容**更多一层的思考**：啊，原来是这样！

倘若需要表达的内容，是我们非常熟悉或十分认同的内容，

---

① 其他相关研究进一步发现，如果老师所用的有趣形式或内容与所讲的知识无关的话，则不会带来学生成绩的提升。

例如：跑马拉松比慢走要难一些，公司管理层员工比基层员工的工资更高等，则不会激发上述两个大脑活动。

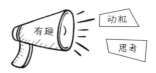

在之前那位警官的表述中，"嘴唇在动等于说谎"就是一种在人们意料之外的解释——嘴唇动就一定是说谎吗？这不合理啊。但正是这样的意外和我们既有的认知相背，所以调动了人们的好奇心，使人们想去了解为什么警官会这样解释。人们试图理解这句话，通过认真思考，直到终于理解，这个反复思考的过程加深了人们对这句话的印象，最终带来了充分的认知。

这不禁让我想起了我刚刚加入麦肯锡时，在迎新聚会上某领导让 20 多位新人做自我介绍，包括自己的爱好，有人说"我喜欢读书"，也有人提到"我喜欢登山"等。

那天我随口说道："我的爱好是收藏古董相机，要是咱们领导哪天把我给炒了，我至少还可以把那些相机卖掉，养活自己几个月。"当时包括领导在内的所有人都笑了，不过，让我吃惊的不是当时大家的反应，也不是领导第二天没炒掉我，而是在我们都已离职若干年后，有一次我和那位领导再次相遇，她居然还记得我那天说的爱好。

所以说，不论你是每天辛苦跑客户的销售，还是需要应对各色人等的服务员，是即将准备面试的毕业生，还是需要面对学生的老师、面对孩子的父母，是科技公司的产品经理，还是掌管上千人团队的企业高管，都可以在与他人的交流中撒上几滴有趣，它会挥发出奇妙的味道，带来更好的效果。

　　我在视频作品中，也使用了大量有趣的元素来协助我进行表达，以便观看者记住并理解里面的知识点。例如我在一个视频的开头说道："今天我们讲'钩钩'。"然后我在镜头前把两个回形针钩来钩去。

　　其实这个设计是为了配合我视频中讲的一个知识点：沟通中要有意识地接住对方的话，接话就好比用一个钩子把对方的话钩住，所以我用"钩钩"来打比方。

　　举一个视频中的例子：一个人说"现在的菜价好贵哦"，另一人说"对，上次在超市买完菜结账时，吓我一跳"。通过肯定对方的观点来接话，这就是在使用"钩钩"，而如果说"嗯，今天天气真好"，这就没有接住对方的话。

　　但如果我在视频中直接讲"沟通中要接住对方的话……"就不会那么好玩了，同时给观看者留下的印象也不会太深。好几个月之后，仍然有人在我的社群里不断提起那个知识点，他们的用词并不是"如何接话"，而是如何使用"钩钩"。

有趣与人际关系

化解紧张

以前做咨询顾问时，我最怕碰到两种客户：一种是要求严苛的，一种是态度严肃的。有一次，我碰到了二者的合体。那位客户平时几乎不笑，在不动声色的面容下是一双挑剔的眼睛，他似乎可以区分出 18 种不同的白色。他姓方，我们在这里就称他为"方双严"（化名）吧。

当时我刚刚进入麦肯锡不久，项目经理刘松（化名）带着我和客户双严开会，并汇报我们的阶段性建议。方双严在场，现场的气氛可想而知，他听刘松讲 PPT（演示文稿）时一动不动，好似一尊雕像，我一度以为他的面部肌肉被按下了暂停键。忽然，方双严站了起来，指着投影屏幕上的 PPT 说："你们这里的分析不完整啊，明显少了一块儿很重要的内容！"

这里需要说明的是，作为咨询顾问，在客户面前最为精贵的器件，就是他们的建议以及建议背后的分析逻辑。因为这是客户花高价期待换来的东西。如果咨询顾问的分析被客户指出存在瑕疵，那是一件相当严重的事情。因此，听到这样直接的否定，我心里顿时慌了："完了完了，方双严说的有道理，怎么办？"

这时，只见刘松顿了几秒，眼珠子一转，然后看着方双严笑了一下，指着墙上的投影屏幕说了一句让我万万没想到的话："啊，可能是这个投影屏幕太小了，所以那块内容才没装下。"什么？这和投影屏幕大小有什么关系？

　　让我更没想到的是，方双严居然扑哧一下笑了！他不但笑了，而且转眼之间从"方双严"变成了"方不严"，他那包裹严实的外壳居然被刘松的一句玩笑融化了。随即，他开始笑着和我们一起探讨刚才指出的问题以及下一步的方向。而按照他往日的作风，等待我们的可能是一顿指责。

刘松的解释显然是不合理的，甚至是荒谬的，但就是凭借这样明目张胆的耍赖，这样赤裸裸的顽皮，刘松反而把紧张的气氛完美地化解了。**用力量对抗紧绷，只会越来越紧；用顽皮去挠一挠，才会松开。**

在人际交往中，我们经常会遇到一些不那么轻松或舒适的场景，比如：

- 和不太熟悉的人见面时，由于不知道对方会如何看待自己的一举一动，或者不清楚对方会做出何种反应，人们往往不会那么自在，同时会刻意设起一道防线。
- 双方的关系由于所代表的立场或者诉求不同，因此会处在很严肃的氛围中，例如买卖双方在价格上的立场不同，合作双方在一个项目中的诉求不同等。
- 类似"刘松智斗方双严"这样的场景，是由于双方之间出现了一个重要问题，而这个问题导致了紧张的氛围。

此时，有趣的言行可以有效地化解或打破尴尬氛围，因为它有两种特殊作用：

- **稀释**：就像在一杯浓烈的伏特加中，冲入一杯带有气泡的柠檬汁，它把气氛中原有的严肃等级降低了，当人们发现了彼此更为放松、自然、本真的一面后，自己也会更加放松，这是一个相互影响的过程。假设原来是九级严肃，那么有趣的谈笑与举止将其稀释后会降到二三级。
- **转移**：就像用直升机把两人之间的炸弹从原地拉走了。在相对紧张的氛围下，人们的关注点往往在某一个点上，这时如果一个笑声闯进来，这个点便被人们抛在了脑后。当然它不一定是真的消失了，而是已经变得不再是焦点。

在人际关系中，有趣除了能够化解紧张，还可以进一步增进人们之间的亲密感。

增进亲密感

在一家星级酒店的厨房里，餐饮经理汤姆走进来问："宴会的沙拉准备好了吗？"

厨师杰瑞说道："还没有。"

汤姆有些不悦，因为他认为杰瑞的备餐速度太慢了。不过，汤姆转为轻松调侃的口气说道："信不信连我做沙拉都比你快，要不要来一场比赛？"

显然，作为餐饮经理的汤姆并不是专业厨师，不可能比做沙拉的厨师更专业或更快。但这个"挑衅"引起了厨房里所有人的兴趣。大家纷纷熄了火，放下了手中的厨具和切了一半的火腿围过来，他们甚至开始下赌注，期待比赛的开始。

"杰瑞，你行吗？""杰瑞你不会要输了吧，哈哈！"大家附和道。杰瑞不好意思地撸起了袖子。"加油！""快一点！"比赛在十多人的呐喊声中开始了，厨房变成了角斗场，不过没有你死我活，只有角斗带来的刺激感。

比赛结果没有任何意外，杰瑞赢了。不过此刻的结果并不重要，重要的是通过这场有趣的比赛，餐饮经理汤姆不仅让杰瑞和其他厨师在激烈又和谐的氛围下更加明确了备餐速度的重要性，同时也大大增进了餐饮经理和厨师之间的关系。据当时的观察者欧文·林奇教授[①]的回忆，这次比赛后来成了餐饮团队津津乐道的一个故事。[7]

汤姆通过比赛这种方式达成的效果，显然胜过了说教或训斥的效果，它打破了人们之间由于所处的组织环境或文化不同而建立起来的壁垒。它释放了一种"我们还可以通过更轻松的方式来互动"的信号，进而增进了双方的亲密度。有趣的言行对亲密度的影响在一个"玩耍实验"中得到了很好的体现。

在该实验中，互不认识的参与者每两人一组共同完成一个任务，然而大家的任务有所不同，每个小组都单独在一个房间内完成活动，因此他们并不清楚其他人做的是什么。[8]

有些组的任务被设计成非常有趣的活动，例如让其中一个人用眼罩蒙住眼睛，另一人把吸管横着夹在嘴里，目的是让他说话时不够清晰，从而让这个任务更好玩。嘴里夹着吸管的人需要按照指令，把一个皮球扔到蒙眼人的左边或右边，并告诉对方应该如何移动才能够接住皮球。就这样，一个人说不清，一个人看不到，从而确保了活动的有趣性。

另外一些组则进行很普通的任务，例如一个人口头指挥另一个人做出一些常规动作，两人并没有蒙眼或夹吸管，因此他们不会觉得这是一个有趣的活动。

在他们完成这个任务后，每人都需要填一份问卷，评价自己感受到的与组内另一位伙伴之间的亲密程度。那些一起完成有趣

---

① 欧文·林奇教授花了长达一年的时间，以厨师的身份在该餐厅观察并撰写研究论文。

任务的参与者，感受到的亲密度要远高于完成普通任务的参与者。显然，有趣影响了人们对亲密度的感知。追溯原因，其实这不仅仅是因为好玩，还因为里面暗藏着更深刻的东西。

首先，当我们在经历有趣时，往往会伴随一些从未有过的新的体验，或者接收一些新的信息、感受或观点，例如实验中有些参与者可能是人生第一次用嘴巴夹着吸管说话，有的参与者是第一次不用眼睛只靠听觉定位飞来的皮球。尽管这些事情很小，体验很微妙，但对他们来讲都是一种"**自我延伸**"，即在经历或认知上超出原有范畴的过程，其本质上与海龟第一次爬上沙滩、哥伦布发现新大陆、阿姆斯特朗登上月球并无区别。

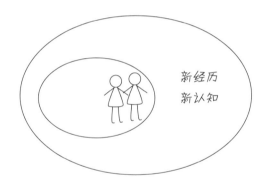

那么在人际互动中，有趣会让人们共享彼此"自我延伸"的过程，就好比有趣组的两个人，他们通过"你说我听，你扔我接"，共同体验到了这个有趣的活动带来的延伸的过程。正是这种共享，让人们之间产生了一种奇妙的联结，在这个联结里，人们有时互相挑战，有时互相帮衬，有时甚至互相嘲笑，有时也在互相接受。不过，也只有参与到共享中的双方才能够明白其中的美妙与乐趣，因此"自我延伸"变成了"共享延伸"。

有趣让人们在"共享延伸"的过程中增进了亲密度。无论是交朋友、与人协作、促成交易，还是管理团队等，亲密度的增进都会让这些人际关系更加顺滑。有趣就像是一列穿越亚马孙热带雨林的过山车一样，它让乘坐的伙伴共享了一段超越日常的体验，在他们体会了惊吓与惊喜之后，彼此之间也有了一页只有对方才能够读懂的日记。

有趣与个人魅力

人们通过两种行为方式生存，一种是保持和别人一样，一种是尝试和别人不一样。前者确保我们安全，大概率不会出错；后者则会帮我们在竞争中被识别。

想被暗恋许久的他或她注意到，找工作时想给面试官留下印象，销售拜访时想让已经麻木的客户竖起耳朵，参加演讲比赛时想给昏昏欲睡的评委留下印象，卖出一件商品的同时想让顾客下次再来等，这些都需要让自己被识别，就连那些在巴黎蒙马特尔高地上画人像素描的画家，也在尝试让自己的作品风格与其他人有所不同。几乎没有人不需要被识别和被认可，如果有，那么他本身的辨识度就极高。我们一直在有意识或无意识地靠着辨识度生存，并争取一些东西。

"跳跃性"辨识度

    Rolf是一家专门生产玻璃制品（杯子、花瓶等）的制造商。为了让产品在市场上更有竞争力，该公司聘请了一位新的市场总监。这位市场总监上任后，并没有下功夫去宣传杯子所使用的玻璃有多么结实、耐热，或者杯子的线条多么优美，而仅仅是在设计上做了个细微的改动：某款杯子上本来印有许多条小鱼，它们都朝着同一个方向游，这位市场总监让设计师把其中一条鱼的方向改了一下，让它朝着和其他鱼相反的方向游。

    公司没想到的是，这个微小的改动居然带来了巨大的成功，杯子的销量直线上升，"逆流小鱼"这一有趣的设计让这款杯子在众多结实的、晶莹剔透的、线条优美的、带有小动物的杯子中脱颖而出，这便是有趣带来的辨识度。

难道玻璃的质量更结实一点儿，或者线条更优美一些，不会让杯子更具有辨识度吗？可能会，但是除非做到"最结实"或"最优美"的程度，否则很难有"逆流小鱼"如此具有跳跃性的辨识度。前者是线性辨识度，即大家在同一条跑道上比谁的速度更快，在同一棵树上比谁爬得更高，别的杯子在结实这一维度上做到了 80 分，那我们做到 85 分，别的杯子线条较优美，那我们做得更优美一些。"逆流小鱼"这个有趣的设计完全打破了线性的竞争，它直接挑逗了人们在挑选杯子时那些本来沉睡着的神经，并把人们的注意力"咻"的一下拉到了跑道之外，甚至让人们忽略了杯子的其他属性。[①]

对于有趣的人也是一样的道理，论作画水平，黄永玉先生的用笔以及形式美感虽属上乘，但真正让他在众多画家中独树一帜的是他对画作有趣的解读和诙谐的态度。论音乐创作，可以媲美罗西尼的音乐家也有很多，他却半路一头扎进撒着松露的牛排里，开启了美食创作之路，从而成为人们眼中一位别样的音乐家。

有趣为辨识度带来一个全新的维度，而这个维度是如此别致且顽皮，就好像一组罗马数字里突然冒出一个希腊字母 Ω，或者在一片蒲公英中间忽然飞出一只花蝴蝶。

---

① 从商业角度来分析这也是成立的，因为人们在做购买决策时，尽管知道商品有很多属性，但只会被非常有限的属性影响到。

除了辨识度，人们如何看待我们的能力也会在很大程度上影响我们在他人眼中的印象。那么，有趣的人在能力上会给人留下怎样的印象呢？

能力印象

哈佛大学和宾夕法尼亚大学的几位教授做了一个实验，探究有趣会如何影响别人对于一个人能力的评价。[9]

参与者收到了一个任务——写宣传语。他们被分为若干个小组，并被告知为了帮助一家旅行服务商推广瑞士旅游项目，小组内的每个人都需要写几句关于瑞士的宣传语并展示给大家。同时每个小组都收到了一张照片，上面是瑞士的山脉和瑞士国旗，宣传语需要配合这张照片上的图案。该实验的巧妙之处在于，每个小组里（10 人左右）有两人是提前安排好的：

- A 会展示出普通的宣传语："这里的山脉非常适合徒步及滑雪，太棒了！"
- B 会展示出有趣的宣传语："这里的山脉非常适合徒步及滑雪，而且瑞士的国旗也是一个大大的'加分项'[①]。太棒了！"（"加分项"一语双关，也指瑞士国旗上的"十"字符号。）

等每个人都展示完，大家进入评价环节：

---

① 原文："The flag is a big plus!"

- 首先，参与者评价小组内每位成员的想法是否有趣（1~7分），倘若 B 的想法被认为不如 A 的想法更有趣，这个实验则确认失效。结果 B 的有趣性得分（4.6分）确实高于 A 的得分（2.2分）。也就是说，B 可以代表人们认为的有趣的人。
- 随后，参与者评价对小组成员的印象，比如有"能力的""自信的"等（每位参与者有 25 分可以分配，并且可以选择分配给多个不同的人）。同时，还有一个问题：如果让你选一位小组内的负责人，你会选择谁？以此来评估大家对参与者的"领导力"的印象。

实验数据表明，无论是在能力、自信方面，还是在领导力方面，人们对于那些他们认为是有趣的人的评价（每个小组内的 B 角色），都要高于非有趣的人。

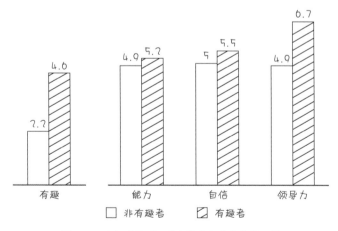

图 2-4　小组成员对于非有趣者和有趣者的评价

可见，有趣的人展现出来的智慧和敢于突破常规的自信与勇气，得到了人们的认可与钦佩。因此，无论对职场新人、管理者，还是在拓展自己事业和想要实现人生目标的人来说，有趣都是一个加分项。

关于前文提到的辨识度以及能力，很多实验都发现它们不一定能够给一个人带来吸引力。可是，有趣是个特例，它不仅能带来辨识度以及人们对其能力的认可，还会增强一个人的吸引力。

吸引力

"有趣的人是否更有吸引力"，这是一个有 200 多人参与的调研想要探究的问题，即有趣与吸引力之间的关系。[10] 参与者只需要邀请两位朋友或同事来填写一份问卷。该调研并没有让研究对象邀请自己的伴侣或者最亲密的朋友参与，因为伴侣和亲密朋友对他们各方面太过熟悉，会影响最终的测试结果。

这份问卷里的一部分问题是让研究对象的朋友或同事来评估研究对象的有趣程度（按 1~5 分打分），例如："他 / 她不用讲笑话也可以很有趣"，"他 / 她的朋友会说他 / 她是个有趣的人"等。还有一些问题是关于研究对象的吸引力[①]，比如："我期望和他像朋友一样交谈"，"和他待在一起应该是愉悦的"等。

结果发现，这些人对研究对象的有趣程度的评分，与他们对其吸引力的评分呈强相关。也就是说，**如果一个人给别人的印象是有趣的，那么这个人往往更有吸引力，别人会更喜欢与他交流或相处。**

---

① "吸引力"是基于"社交吸引力量表"定义的，1974 年由詹姆斯·C.麦克罗斯基与托马斯·麦凯恩开发。

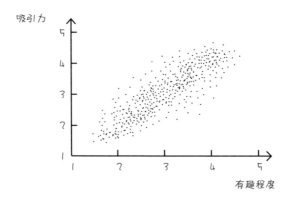

图 2-5　有趣程度与吸引力之间的关系

可见，有趣不但会让我们更容易被识别、被正向地认可，还可以让我们身边的人更愿意与我们交往。虽然这些不代表个人魅力的全部，毕竟一个人还拥有其他特质，如温柔、专注等，但不可否认，有趣的作用无疑是独特且显著的。

作为培训师，我发现自己也曾因为有趣而受益。

在与字节跳动①的一次合作中，我为他们的中层管理者讲授"系统化思维"课程。这是一个多期的培训项目，因此员工会分批次来听课，大概每个月一次。记得有一次我去上课

————————————

① 字节跳动：信息科技公司，旗下产品有抖音、今日头条、西瓜视频等。

的时候，有位学员问我：

"你就是那个戏精老师吧！"

"嗯？"我有些摸不着头脑。

"上一批学员有人告诉我们，你是个戏精啊！动不动就演戏，还是秒入戏。"

听到他这么说，我才反应过来这是学员的比喻。在我的课程中，经常会通过一些演练环节来模拟职场中的真实情景，以便学员在听完知识后得到练习。例如，模拟在会议上，当老板提问时，员工应该如何进行思考和回答。

我通常会尽量把这个环节做到足够逼真，如何逼真呢？我会突然以老板的口气讲话，就像在电影拍摄现场，在导演喊"开始"后，演员瞬间切换到角色一样，从氛围、表情，到肢体、语态，进行全方位演绎。

当我在练习环节中扮演老板时，我会让学员从培训教室转移到真正的会议室中，然后情绪饱满地说："唉！今年我们公司的业务实在是举步维艰，我已经好几晚没睡好觉了，连黑眼圈都熬了出来，像个大熊猫。可我不想当大熊猫，因为我的本性是一匹狼！我不想就这么认输！我仍然认为我们的团队能够突破重围，因为我相信你们的意志与能力！朱经理，要么你先来谈谈，有什么好的方案？"

这样出其不意的方式导致有几次学员一下子没有反应过来，问我："老师，这已经是在剧情中了吗？"在这之后，我也会让学员尝试进入剧情。我想第一期学员之所以会把这件事情传播到其他学员那里，应该是因为他们觉得这种形式有点儿意思。

在这次培训结束后的课程评估中，学员给我的评分是9.02分（10分制）。在一向对培训要求比较严苛的字节跳动，这是一个高分，这也因此给我带来了后续与字节跳动更多的培训项目合作。

坦诚地讲，我并不认为在专业层面上，我讲得比其他培训师更好，因为一定有其他人能够把这门课程讲得更细致、更透彻、更生动。只不过我无意中占了一个便宜——在课程中加入"演戏"，这样有趣的形式帮我加了分，而它也影响了学员最终的评估。

有趣是个系数

倘若把上述有趣的众多益处散落开来，我们可以发现它们对应着我们在生命中的每一秒都在思考、应对、调整、历练，甚至挣扎的三个永恒的主题：自身、向外表达、与他人的关系。

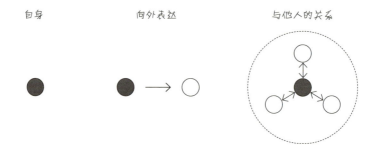

（1）我们希望自身变得更强大，以应对各种压力或问题，并能够带着愉悦的心情坚持完成我们认为重要的那些目标。同时，我们也希望自身得到他人的认可与喜欢。

（2）我们会通过各种方式向外进行沟通与表达，希望被听到、被认同，从而推进那些重要的事情。

（3）我们希望营造一个舒适的人际关系，即软性土壤。

如图 2–6 所示，有趣带来的四大益处，可以一一助力上述三个主题，其中：

三大主题	有趣的益处			
	内在状态	表达	人际关系	个人魅力
自身	√			√
向外表达	√	√		√
与他人关系	√		√	√

注：在有趣的每一个益处下打钩意味着该益处有助于左边对应的主题

图 2–6　有趣的益处与三大人生主题的关系

- 有趣带来的内在状态无论对于我们自身，还是对于向外表达、与他人之间的关系，都会有助于实现上述（1）（2）（3）中提到的效果。
- 有趣的表达、有趣对于人际关系的益处，对应上述主题（2）（3）。
- 有趣带来的个人魅力，对我们自身、向外表达、与他人的关系这三个维度都具有积极的影响。

值得注意的是，有趣和诸如表达能力、思考能力、抗压能力、领导力、业务拓展能力、项目管理能力等其他能力并不是并列的关系。**有趣的作用是对我们其他各项能力进行点缀、放大，例如：**

- 对于表达能力：有趣可以令我们的表达多一些趣味性，从而使我们的表达更特别、更有吸引力。
- 对于思考能力：有趣能够让我们在思考问题时看到事情轻松、好玩儿的一面，或产生别致的创意。

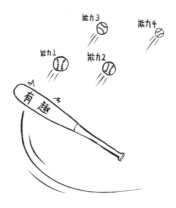

- 对于领导力：有趣能帮助我们在带领团队的同时，懂得营造乐趣，提升团队活力、凝聚力。
- 对于业务拓展能力：有趣可以使我们的客户或合作伙伴更乐意与我们相处，并在其他条件等同的情况下倾向于选择我们，因为他们享受到了合作的愉悦。

因此，从与其他能力的关系来看，有趣并不仅仅是一项能力，它横跨了其他能力。如果进行量化的话，有趣是一个"系数"，即在其他能力基础上乘以 i（有趣）。有人的系数只是 1，甚至是 0.5，因为其他能力并没有通过有趣得到放大；而有人的系数是 1.5，即有趣把这个人的其他能力强化了 1.5 倍。**有趣这个系数横跨多种能力，适用于不同的职场与生活场景，它可以带来个人综合竞争力或个人魅力的提升。**

有趣的重要性在上升

有趣这个系数 i 的效应也并不是一成不变的，它会随着我们的进步变得越来越重要。首先，在个人发展的初期，人们的能力有两个特点：

- **前期差异大**：相对于个人发展的后期，初期阶段大家在各项能力上的差异比较大。因此，个人比较容易在某一项能力上显得很突出。例如：在技术团队中，如果口头表达能力很强就会显得比较突出。
- **上升空间大**：在这个阶段，许多能力才刚刚开始被我们发现或应用，因此在已有的学科知识以及基本素养的基础上，能力的进步曲线往往较陡，而能力的上升空间也相对较大。

这意味着，一方面我们可以凭借某一项或多项能力形成自己的竞争力或独特性；另一方面，即使我们暂时还没有突出的能力，也可以去打造。

然而这种情况会随着时间的推移发生变化。当人们在某一赛道中（例如在企业的职位、在专业领域的建树等）上升到一定高度时，会发现身边在同等高度的人在思考能力、业务能力、沟通能力等各方面的差异越来越小，同时，上升空间也相对越来越狭窄。原因在于，大家都是经过不断磨炼、层层淘汰后剩下的少数，而且各项能力已经上升到了更高的水准。

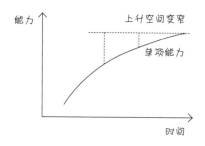

图 2-7　能力上升空间的变化

在我的培训课中，这种现象尤为明显。例如从职场新人到部门经理，再到事业部总经理、副总裁、总裁，培训学员的层级越高，同一层级的人群之间各项能力上的差距就越小。譬如，总裁班的学员在深度思考能力、学习能力、逻辑表达能力、关键提问能力等方面普遍都很强，他们之间的差异也明显小于职场新人之间的差异。

又比如，自媒体平台的知识类博主有几十万人，流量小的博主的作品在各个要素上的差异非常大，比如有的博主的视频画面质量好，有的博主讲的内容很实用，有的博主的剪辑很流畅……可如果我们看那些粉丝量已经在 100 万以上的头部知识类博主，他们在视频画质、内容、剪辑等方面的差异则明显更小。同样的道理，他们是经过竞争、筛选之后剩下的少数人，所以自然在各个要素上均已精进到了相对较高的水准，各方面的差距也越来越小。

因此，当其他参数间的差距越来越小时，有趣就显得格外重要。**有趣可以巧妙地点缀或放大那些与其他人非常接近的能力，从而让自身变得与众不同。**就好比，当上百只孔雀都在得意扬扬地展示其华丽的尾羽时，那只跳起踢踏舞的孔雀会让我们更加赞叹；当一群同样身披绚丽斑纹的猎豹，以相同的速度奔跑时，能让人记住的是扭头做鬼脸的那一只。

当然，这里并不是说趣商在初期不重要，而是从个人竞争力的角度来讲，越往后趣商的重要性就会相对越高，这也反向提示我们提前培养趣商的意义。

在我的职业转型阶段，我实实在在地感受到有趣带来的变化。

2020 年初，新冠肺炎疫情暴发。我公司的线下培训业务彻底停滞，没有任何企业邀请我去讲课。在家无所事事的我，想起了一个曾经有过的念头——拍讲知识的视频，于是我决定利用空闲时间尝试一下。我开始行动起来，在家里支起手机，背靠一面白墙，录制了一些关于情商、思维、沟通类知识的视频，并将其发布到了抖音平台。

当时我觉得视频的内容设计得堪称完美：首先，确保讲的知识本身有用；其次，把知识讲清楚。我坚信自己有线下几百场授课经验的积累，所以花几分钟讲清楚一个知识点是件轻而易举的事。

我还清楚地记得，在录制第一个作品时，我端端正正地坐在凳子上，像一座蜡像，用有条不紊的语气，清清楚楚地把知识点讲完。视频发布之后，我便倒了杯啤酒，搓着小手，期待着当晚视频观看量的暴增。然而，啤酒喝了一杯又一杯，小手也快搓起了皮，也没有等到观看量的暴增，准确地说，观看量少得可怜。

但当时我觉得，可能只是运气不好吧，所以第二天我继续尝试，延续了"知识有用，讲得清楚"的宗旨，以及一本正经的姿态。可两个星期下来，我发布的所有视频作品都没有什么人关注。在现实面前，挫败感向我迎面袭来，我甚至开始怀疑，自己是否真的适合拍视频、做自媒体。

随后几天，我停了下来，没有继续重复已经被验证为错误的方向，而是开始分析其他博主的视频。就像刚刚提到的一样，在这个赛道里，那些已经做得很好的知识博主都做到了"知识有用，讲得清楚"，而这也正是他们能够冲出重围，进入头部的原因。而我那个所谓完美的设计，并无任何新意和辨识度。当时刚刚起步的我，想靠着毫无新意的方式去和已经有很大流量的头部博主竞争，妄想着被用户关注，脱颖而出，这几乎是不可能的。

太好了！至少我知道了问题的原因。

第二个月开始，我尝试转型。其实我所做的改变无非是在视频里加上了有趣这个"系数"，无论是语言、表演还是画面风格等，都乘以一个 i。

那天我重新拿出手机，本来要讲的知识点是：在表达中，不能只是平铺直叙，要加入语言的渲染。但是我一改以往的风格，拿出一张白纸和一把剪刀，剪了一个纸眼镜，用笔涂黑，轻轻戴上，然后我买了一袋晒干的拇指大小的咸鱼和一个电动吹泡泡机。这次我把讲课换成了表演的形式。

调整好状态，1、2、3，开机！

我一只手把小咸鱼缓缓地抬到镜头前，当音乐响起时，另一只手用泡泡机吹出五彩斑斓的泡泡，咸鱼也开始在泡泡的海洋里游来游去，我配的画外音说道："有时我们说话就像干巴巴的咸鱼，而一旦有了渲染，咸鱼就活了。"

在那个视频中，我借用咸鱼来代表语言表达的贫乏，用泡泡

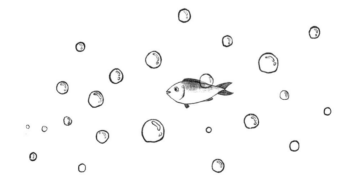

机来象征渲染，同时我也设计了更加有趣的人物对白，并运用了夸张、幽默的表演来传达所讲知识点的含义。这个有些无厘头的视频一改过往视频的惨淡表现，当天便收获了大量的观看与评论，而我也再次为自己倒上了一杯啤酒。

"有趣"，成了我视频作品转型的开始，也是新的职业身份——视频博主的开始。

这 5 位有趣的"杀手",有的游走在外面的世界,有的隐藏在我们内心,有的会迷惑我们,有的则会在关键时刻阻拦我们,它们都在不同程度上扼杀着有趣。

3

我们的"有趣"
去哪儿了？

记得好多年前，我给一家投资公司上有关商业表达的课程，按照惯例，课程结束时我会让学员基于课程的内容进行提问。不过，这个环节是在大家经历了一天的烧脑学习和练习之后进行的，此时学员都已经很疲乏了，再加上已经到了下班的时间，这种情况下，一般除了某些有问题的学员自己感兴趣，其他人往往都盼着赶紧下课离开。尤其是在下班高峰期，倘若我多拖延 10 分钟，似乎就会有一堆鞋子飞过来。

　　需要说明的是，当时的课程内容主要是关于商业场合下如何表明观点，梳理出清晰的逻辑等知识的，并不涉及如何让表达更有趣。

　　但是有一位学员问道："老师，怎么说话才能有趣一点呢？"

　　这个和当天课程内容毫不相关的问题，居然引起了在场所有学员的兴趣。大家纷纷竖起耳朵，听我分享了一些自身的体会，全然忘记了要下班赶车这回事。

这样的情形并不代表学员无趣，但我们不难发现，许多人都强烈地意识到自己与"有趣"之间仍然存在着距离，甚至是一道鸿沟。这种情况并不是个例，在我的培训课中很常见。而且，在我的视频留言中同样有大量网友提出"怎样变得有趣"这样的问题。

后来我做的一个调研也证实了这一普遍情况，绝大部分人（超过90%）都认为有趣对于生活和工作是重要的，但只有很小一部分人（不到20%）认为自己是有趣的。

有趣的人是稀有动物。

其实在我们还是小孩子的时候，我们充满好奇的问题，我们的一举一动，我们离奇的想法，换作长大后的我们来看的话，一定会笑出声来，甚至想抱起儿时的自己说一声"你太好玩了"。不过遗憾的是，随着我们长大，那些东西渐渐消失了。

我们的有趣到底去哪儿了？

我想起了自己上小学时发生的一件事：

20多年前，大约在冬季，女一号是校长，男一号是我，地点是校长办公室。那天，校长不是找我谈心，也不是让我唱《大约在冬季》，而是对我进行批评与教育。

在学校里，如果被老师叫到办公室算犯了轻罪的话，那么被校长叫到办公室就是犯了重罪。我的重罪是什么呢？我在课间休息时间，用手敲打桌子、书、废纸，试图演奏出一些丰富且美妙的鼓点，憧憬着有一天成为"亚洲鼓王"。我敲出的鼓声虽然连我奶奶村里的红白事乐队的水平都不如，却吸引了班里以及隔壁班的几十名同学来看热闹，后来还有几名同学加入和我一起敲打。热力四射的敲打声，最终在校长的一声"这是干吗呢?!"中停了下来。

校长说我这样的行为属于捣乱，败坏风气，影响恶劣。年幼的我似懂非懂，只能点头。就这样，"亚洲鼓王"刚刚冒头，就被校长无形的鼓槌敲了下去。其实"鼓王"的称呼只是个玩笑，亚洲的鼓手也不少我一个，只是校园课间的嘈杂声中，从此少了一丝本属于年少的躁动。

后来我慢慢发现，这个经历原来只是我们的教育环境，包括学校教育、家庭教育、社会教育等的一个小小的缩影——个性是被忽视或被压抑的。这只是磨平我们有趣的因素之一。

教育环境

人类有一项特质，历史学家尤瓦尔·赫拉利在《人类简史》中将其形容为"刚熔化的玻璃"：

> 大多数哺乳动物脱离子宫的时候，就像是已经上釉的陶器出了窑，如果还想再做什么调整，不是刮伤，就是碎裂。然而，人类脱离子宫的时候，却像是从炉里拿出的一团刚熔化的玻璃，可以被旋转、拉长，可塑性高到令人叹为观止。正因如此，才会有人是基督徒或佛教徒，有人是资本主义者

或社会主义者，又或有人好战，有人则爱好和平。

人类具有很强的可塑性，善于学习以及自我更新，但这些特质同时也让我们的有趣在教育大环境下被慢慢磨平。

个性退居次要

设想一下，倘若人们都说小聪同学是个好学生，你会想到什么？

人们往往会先想到他的学习成绩应该很好。这是一个非常有意思的关联：一个学生的学习成绩好，会给人一种他就是好学生的印象。此时，"好成绩"和"好学生"之间几乎画上了等号。"成绩"是人身上的部分特质体现出来的一个结果，而"好学生"是对一个人的定性。"好成绩"让老师、家长忽略了小聪其他方面的情况，"成绩"已经变成了教育体制里检验学生的决定性标准。

如果一个学生讲故事可以逗得大家咯咯笑，可以用铅笔画出班里每位女生的辫子，可以学不同动物的叫声，又或者可以在课桌上用书和废纸敲出好听的鼓点等，对于这些小伎俩，大家可能会鼓掌并称赞几句。可这些个性化的特质在"成绩好"面前，显得微不足道，因为如果成绩不好，就很难被称为"好学生"，而且但凡稍有"过分"的行为，比如敲击的声音太大，还会被校长约谈。造成这样的结果都是因为我们只盯着那个单一的标准。

哈佛大学个性科学研究室主任托德·罗斯提出了一个很形象的概念——"锯齿理论"：

首先，人的才能或者特质并不是由单一维度（如智力）构成的，而是由众多维度构成的，例如智力、口才、诚信、好奇心、幽默、温柔等，多个维度就像多个锯齿一样。其次，也是非常关键的一点，这些维度间的相关性并不高，也就是说如果一个人在某一维度上比较强的话，并不代表他在其他维度上也很强，即智力高不代表幽默，温柔也不代表好奇心强。教育却在引导大家把注意力集中到学习成绩这个单一的"锯齿"上，而忽略其他个性化的特质。

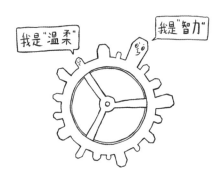

有人可能会说，学校里也有美术课、音乐课，也在鼓励学生全面发展，还有"三好学生"这种多维度的评估标准（品德好、学习好、身体好），还有些学校提出了一些诸如科技创新奖、见义勇为奖等新的评价学生的维度。不可否认，这些课程和奖项体现了评价维度多样化的趋势，但在当下，成绩仍然起着绝对的主导作用。当学校在用成绩给学生排名，用成绩进行升学筛选，家长每天盯着成绩单时，学生会不自觉地在行为、意识或潜意识层面，淡化甚至忘记自己的其他特质。

还记得小时候，有一次一位同学来我家吃午饭，我爸在喝酒时来了兴致，便出了一道和酒精度数相关的数学题考我们，当我的脑子还在拼命计算时，我的那位同学立刻说出了答案。我爸妈便说："你看人家这孩子，真聪明！"这件事让我偷偷难过了很久，甚至有一种被全盘否定的感觉，因为当时的我认为"会做题"几乎代表了一个学生的全部。

到处是标准答案

假设有这样一道题：

$$ABC \rightarrow ABD$$
$$HIJ \rightarrow \underline{\quad?\quad}$$

如果把"ABC"变成"ABD"，那么"HIJ"应该变成什么？

大多数人的第一反应可能是：既然"ABC"中的"C"换成了紧随其后的"D"，那么"J"就也应该换成紧随其后的"K"，所以答案是"HIK"。

这个答案本身没有问题，但这不是唯一的标准答案，只不过，我们的大脑可能已经习惯了如此思考。

还有什么其他思考方式呢？

第二种："HID"，既然字母组合"ABC"把最后一个字母变成了"D"，那么另一个字母组合"HIJ"为什么不能把最后一个字母也变成"D"呢？

第三种："HIJ"，不变！"ABC"里面的"C"率先把字母表里的"D"抢过来并换成了"D"，但字母表里只有一个

"D"呀，所以"HIJ"中的"J"就没有"D"可以换了，只能保留"J"。

第四种："ABD"，你没看错，既然"ABC"变成了"ABD"（这里关注的是字母组合的整体，而不是某一个字母的变化），那"HIJ"也可以变成"ABD"！

…………

这些看似荒唐的答案，代表着有些有趣的人的思维方式，以及敢于如此思考的勇气。为什么我们习惯得出第一种答案呢？因为在日积月累中，教育带给了我们相同的思维方式。

在上面这个例子中，我们的大脑调用的是教育带给我们的常用的思考方式：线性逻辑，即看到"ABC"我们会想到"DEF"，看到"HIJ"会想到"KLM"，看到"1234"会想到"5"，如果小白兔之后出现了中白兔，那么再之后一定是大白兔，而不是灰鸽子。可是，在复杂的世界中，许多事物的发展并不仅是线性的，还有突变性。例如：从白天到夜晚，天色从明到暗本是线性变化的，可一旦有一片乌云飘过来，就可以立刻让天色突变；在河的上游放一只小船，我们无法确保能在河的下游等到它，因为路途中存在着很多突变的可能；本无生命的原子和分子构成生命体，这种演变也不是线性的；有位叫雅克·库斯托的人本来想做飞行员，却遭遇了车祸导致胳膊不幸受重伤，无法再做飞行员，但当他尝试通过在海里游泳进行康复时，发现了自己对海洋的狂热，并最终成了著名的海洋探险家[1]，他从飞行梦到置身海洋探险的经

---

[1] 雅克·库斯托还是生态学家、电影制片人、摄影家和作家。

历，也是非线性的；那些有趣的人更是如此，特雷弗的幽默故事从来不会线性发展，罗西尼的职业转变也是非线性的。

回到前文的"ABC"题目，以第二种思路为例，"HID"这个答案就打破了线性逻辑，因为"D"也可以作为一个独立的字母，就像世界上其他独立的事物一样，它和"C"不存在前后关系，这样"J"当然就不应该替换成"K"，所以把"J"换成"D"也可以。

在第一章中，我们提到有趣的来源之一是独到的视角，同时其他有趣的方式也需要在认知上有突破（第六章）。假设大家都有相同的思考方式，哪里来的独到的视角，哪里来的有趣呢？

可惜我们的教育往往只给出一个正确答案，这是有趣的一大"杀手"。

不可否认的是，有的题目的正确答案确实只有一个，比如 $2 \times 3 = 6$（暂且不探讨在化学、社会协作等领域的应用，比如分别拥有 3 名成员的两个团队的合作效果可能会高于或者低于 6 个人独自工作的效果）。可是，这类有标准答案的问题只是我们需要思考的有限的几种问题而已，尤其是当我们从学校里出来后，还需要思考下面这些问题：

- 聚会该穿什么颜色的衣服呢？
- 开会冷场时，我该说什么？
- 新研发出来的饮料起什么名字比较有意思？
- 公司明年的业务重点应该如何调整？
- 如何评价我自己？
- 我在被身边的什么影响着？我又影响了谁？

不难看出，上述问题都没有标准答案。**可正是由于我们每个人都有不标准的答案，每个人对于事物有独特的理解、评价和决策，才反映出一个人特有的世界观、价值观、情趣等。如果黄永玉老老实实地给他的每幅画作起个规矩的名字，那还是黄永玉的灵魂吗？**

无人教"有趣"

中学时期，文科一直是我的噩梦。这里的"噩梦"不是比喻，我是真的会在睡着后做有关文科的噩梦。一直到现在，我还会梦到在历史或政治考试中遇到不会做的难题后惊醒，醒来后暗自庆幸——"还好只是个梦"。除此之外，还有一件值得庆幸的事：至少不是每道题都可以把我惊醒，因为或多或少我还是记得一些相关知识的，而且哪怕被难题惊醒了，如果我还记得那道题的话，至少还可以去找老师求解。

但"有趣"这个课题就不一样了。从小学到大学，并没有人教我们如何变得有趣。

有人教我们大声朗读，却没有人教我们如何更有趣地朗读；

有人教我们写作，但没有人教我们写出幽默感需要什么；有人问我们读后感，却没有人让我们把读后感用一种颜色表达出来；有人教我们快速计算，但没有人带我们去算一算假如一边唱《一闪一闪小星星》一边散步的话，那么穿越阿拉伯沙漠到底需要唱多少遍。

　　当然，我们在学校里可能会遇到一些有趣的老师，受到他们的启发或视他们为榜样，但这样的幸运是可遇不可求的。有趣从来不是一个学科，现有的学科也没有构建关于有趣的理论框架。

　　以上提到的关于教育环境的特点，并不代表教育有任何错误，我们一直在享受着教育带给我们的好处。而且教育不只是靠一个时代，而是一个漫长的过程，在过去几千年里所有为教育付出的人都值得被尊重。只不过在有趣的话题上，我们需要认识到教育带来的客观影响。

社会标准

毕业后，我们告别了考试和成绩单，以为从此一别两宽，转头却发现，社会中仍然有着教育体系的痕迹，它一方面体现在职场标准中，一方面深植于社会价值取向中。

职场标准

当我们的祖先杀死一只驯鹿，在岩石上刻上一个符号来记数时，当古希腊哲学家普罗塔哥拉说出"人是万物的尺度"时，他们一定没有想到，随着贸易和工业的发展，人却反过来被数字衡量、定义和左右。

13 世纪，威尼斯运河上的商人们就已经开始通过计算船只投资与货物价值之间的差额来评估船队的表现。

19 世纪，在苏格兰的纺织工厂里，企业家罗伯特·欧文[1]在每个工人对面放一个木块，木块每面被涂上不同的颜色来代表工人的表现。

随后，在美国的一家钢铁公司里，工程师弗雷德里克·温斯洛·泰勒[2]开始推行标准化的概念，并为每项工作任务设定标准的数值，例如，工人每次铲煤的重量必须是 21 磅。

---

[1] 罗伯特·欧文：企业家，慈善家，工厂改革先驱，空想社会主义者，创立了"幼儿园"的概念。

[2] 弗雷德里克·温斯洛·泰勒：经济学家，管理学家，著有《科学管理原理》。

20 世纪初，关于绩效评估的书——《高效民主》①中正式提出了"衡量"一词；紧接着，化工业巨头杜邦公司开始使用投资回报作为业绩衡量标准；美国通用电气引入了更为多元的一系列衡量指标；后来逐渐诞生了那些现在随处可见的概念—— KPI（关键绩效指标）、OKR（目标与关键结果）、BSC（平衡计分卡）等。

今天，我们可以看到客服岗位有着标准的沟通话术，工人像机器一样精准地移动着双手，航空公司新入职的空乘们都在背诵着一本 700 多页的客舱乘务员手册，人们在职场中的行为变得越来越标准化。虽然一些工作相对灵活，但最终决定员工能否升职、能拿到多少奖金的是没有区别的统一化指标，例如客户拜访次数、订单完成率、成本降低率、产品良品率、项目完成数、采购占销比、生产任务完成率、设计修改次数等。也有一些企业开始尝试融入更丰富的、更人性化的指标，但占最大权重的仍然是这些统一化的指标，它们单调且冰冷。

当然，从企业角度而言，由于其发展的驱动是规模与利润，所以企业采用标准化的制度以及统一的考核指标无可厚非。因为这一方面可以降低管理成本，另一方面可以让员工更高效地工作，从而在市场竞争中更快一步。我现在也会给公司的员工制订硬性的考核指标。

但是从个人角度而言，这些是我们朝有趣行进的阻力。因为本书中的**有趣的人没有一个是符合"标准"的**：如果遵循标准，南希·卡利诺夫斯基与她的同事不可能用"汉堡"作为航线代码；

① 本书作者是威廉·哈维·艾伦，他既是医师，也投身公益事业，一直在教育、医疗、慈善领域写作。

如果遵循标准，查理·卓别林就不会将假胡子放在鼻子下面；如果遵循标准，患有脑瘫的梅逊·扎伊德可能还在躺着养病，而不是到台上来嘲笑自己；如果遵循标准，作曲家罗西尼不会半路去做美食家；如果遵循标准，Rolf 公司制造的玻璃杯上的小鱼也只会朝一个方向游动。

然而，那些被老板用铁锤钉在墙上的指标，无时无刻不在提醒我们那些数字才是更重要的。不论那堵墙外的世界有多么丰富，这些数字仍旧在左右着我们的命运。

社会价值取向

如果说职场中的标准更像是硬性要求的话，那么职场之外，社会的价值取向对于我们的影响则更为隐性与微妙。假设前者是"推"，后者则是"引"。

关于社会价值取向对人们的影响，我们可以借助媒体这面镜子来观察。依照全球综合数据统计公司 Statista 的数据，全球互联网用户平均每天花费约 2 小时 30 分钟浏览社交媒体，中国用户平均每天花费 1 小时 57 分钟，菲律宾人花费的时间最长，为 3 小时50 分钟。要是加上其他非社交类的媒体，如门户网站、垂直类资讯网站、电视、电台、杂志等，这一时间还会更长。那么每天在这么长的时间里，哪些价值取向被传播、被讨论得更多呢？

如果我们在大型综合媒体平台（微博）以及视频媒体平台（抖音）查询与价值取向相关的话题[1]，例如个性、平等、自由、和

---

[1] 话题往往是一个词，例如"#环境"，媒体平台上相关的文章或视频内容都会关联到这类词上，这些内容产生的讨论量、浏览量等也会计算到这个词上。

谐等，会发现有两个话题下的内容量以及热度明显高于其他话题，那就是"# 赚钱"与"# 成功"。①

例如，在微博上，"# 赚钱"这个话题的讨论次数是 60 多万，"# 成功"是 16 万，而"# 有趣"只有 5.8 万。前两者加起来的次数是"# 有趣"话题的 13 倍之多。在抖音上"# 赚钱"与"# 成功"话题下的内容触达用户超过 200 亿次，是"# 有趣"话题的 6 倍之多。

注：更新于微博、抖音在 2021 年 6 月的数据

在另一项有几万人参与的欧洲调研中，我们可以发现相似的规律。[1] 参与者会被问到他们花在各种媒体上的时间，例如："你平均每天花多长时间上网？"参与者可以选择"不到半小时""半小时""一小时""三小时"等共 7 个选项。同时，还有另外一些问题是关于探寻人们的价值取向②，包括人们认为成功和财富的重要程度。例如："富有对我来说是重要的，我希望有很多金钱和贵

---

① 这里并没有包含非价值取向类的话题，例如"# 如何搭配衣服""# 创业经验""# 求学"等。

② 此处使用了社会心理学家沙洛姆·施瓦茨开发的"个人价值观量表"。

重物品。""成功对我来讲是重要的，我希望人们认可我的成就。"参与者按照 1~7 分选择同意的程度。

结果发现，当人们在线上媒体以及电视节目上花费的时间越长，他们就会越认可成功与财富的重要性，而且当一个人越看中成功的重要性，他往往也会越看中财富的重要性。

那么成功就等于财富吗？你可以尝试在谷歌中搜索"亚洲的成功人士"，首条出现的结果是"亚洲最有钱的 10 个人"；如果你搜索"美国的成功人士"，出现的结果是"2020 年福布斯美国 400 富豪榜：美国最有钱的人"。财富成了衡量成功的标准。

通过追溯历史可以发现，这个结果并不意外。从以贝壳、牛羊作为交换物到货币制度的建立，社会中逐渐产生了富人和穷人；富人开始拥有更多资产与产业，这进一步让他们获得了更多特权；有了特权，富人可以剥夺穷人的资产，甚至买卖奴隶——自由第一次开始屈服于财富。随着时间的推移，人们逐渐发现，财富与欲望一样，都没有上限；随着社会地位的提升，人们进一步用财富去衡量更广泛的事物。几百年前，人们开始把生产出的物品折算成金额来衡量一个区域或者国家的先进性[2]，而后，这一数值逐渐发展为全球通用的国内生产总值以及人均国内生产总值；每年有上亿人关注福布斯富豪排行榜；当我们谈到成功人士时，往往会提及他们的身价或公司市值；公司在华尔街上市变成了许多人创业第一天就设下的目标……

不可否认的是，物品的确有价值，而且它们在被交易的同时也在被传播，或被再次分配。我们也确实需要赚钱来生存，满足各种需求，并为重要的事情提供财务支持。财富榜上的企业家或上市公司的 CEO 毫无疑问取得了巨大的成就，他们必然有着超乎常人的智慧和付出。只不过，以上提到的所有社会价值取向，都是建立在两把基本的尺子上：规模与排序。规模关乎大小，如金钱的多少、市值的大小等；排序关乎高低，即排行中的位次。然而，**有趣不论大小，无关高低**。

　　社会价值取向就像是木偶身上的线，而我们就是那个木偶。当那几根名为"财富"与"地位"的线绷起来时，我们的一举一动也会被来自那个方向的力牵引，名叫"有趣"的那根线则会松下来，被我们忽略。

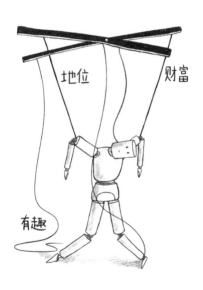

　　当然，有趣与财富、地位等并不冲突。在第二章中我曾提到，有趣可以从多个方面赋予我们能力去实现自我，可以带来与规模、排序相关的东西。只不过，有趣是一个不可视的过程因素，当我们在被更加偏向于结果的价值观影响时，便会忘却有趣。

　　教育环境和社会标准都属于磨平有趣的外部因素，是个人不可控的。除此之外，还有三个典型的内在因素。

从众性

　　尽管我们可能不愿意承认，但我们逃不过一个社会学现象——从众。这让我想起读书时老师放过的一段实验录像。在介绍这个实验结果之前，我想先请你判断，下图右边的三条线段中，哪条和最左边这条线段一样长呢？

　　你肯定会觉得我把你当幼儿园小朋友了，因为答案很明显是线段2。

　　好，我们来看个实验，有6个人进入一个房间，然后研究人员用白板呈现和上面类似的幼儿园水平的测试题，并让每个人说出他认为正确的答案。需要说明的是，在这6个人里面，其实有5个人是"演员"，他们会按照研究人员事先的安排来回答，而剩下的那个人并不知道他是真正的被测试者。

第一轮，每个人都给出了一致的正确答案。第二轮也一样，每个人都说对了。到了第三轮，研究人员给出下图中的几条线段，问右边的三条线段哪条和最左边的线段一样长，很显然，正确答案是线段 1。但前面回答问题的 4 个"演员"这一次都故意说答案是线段 2，排在第五位的真正的被测试者顿了一下，皱了皱眉头，居然也回答线段 2。

没错，一边是只需儿童智力水平就可以说出的正确答案，一边是迎合大众的压力，而被测者倒向了迎合大众那一边。

在每次实验中，被测者都会进行 12 轮判断。结果在多次的实验中，竟然有 3/4 的被测者至少有一次选择了错误答案，整体做出错误判断的次数比例高达 37%。这一切只不过是因为有其他人选择了那个错误的线段。

有人或许会觉得这个是几十年前的实验了，现在的互联网如此发达，知识如此普及，人们应该会更聪明，不会轻易被骗。但在近几年，重做这项实验得到的最终结果和几十年前完全一致。

这便是有趣面临的另一大"杀手"——从众。当我们面临来自个人或群体的压力时，我们的观点或行为就会相较于最初发生改变——倾向于和其他人或其他群体保持一致。

这个实验的题目如此小儿科，都有这么多的人从众，如果我们从这个实验中跳出来，放眼其他更加复杂的现实场景呢？从众的情况只会更加普遍。例如：当公司里所有男生都穿着黑色袜子上班时，一个人便不好意思穿一双浅棕色的小熊袜子，尽管这双小熊袜子是他女朋友送他的，而且他觉得它很可爱。当身边人都说某本书很深刻，值得仔细读很多遍时，一个人会很难开口说自己怎么读也没读懂，甚至还会点头说："嗯，好书！"当我们在大街上听到一段动感音乐，想跟着节奏跳起来时，忽然看到身边的其他人毫无反应，我们也会放弃这貌似怪异的举动。当所有人在会议上的发言都很严肃时，一个人便不好意思开玩笑，尽管他认为这个话题本不必那么严肃。

一方面人们在追求选择的自由、做事的自由，但另一方面从众在主观层面把自由的空间挤压得越来越狭窄。

可怜的归属需求

"快看快看！"这是我在读初中时，班里的一群男生看到某位女生时做出的反应。那位女生天生患有小儿麻痹症，走路时一条腿会显得有些瘸。因此，她平时很少走动，除非是迫不得已的情况，例如每天早上来教室、上厕所或者放学时。但这些时候，总会有一些男生聚在一起盯着她，一边交头接耳，一边发出嘲笑声。

真的每个人都觉得这位女生非常可笑吗？想必不是。只不过有些人为了表达与群体的相似性，做出了一致的行为，从而确保自己在群体中的归属感。

就像"码头哲学家"埃里克·霍弗^①讽刺的那样："通过认同，个人不再是他自己，而成了某种永恒之物的一部分。"

我自己也无法完全摆脱从众。

记得在大学，有一次我去竞选学生会艺术团的团长职务。竞选方式是每人用 10 分钟的时间来介绍自己并说明为什么自己是最佳人选。在竞选之前，我就有了一个计划：用特别一点的方式来发表竞选演讲——通过唱自己写的一首歌来开场，然后再关联到我要讲的其他内容。

可是竞选开始后，我发现前面的每个人都是很规矩地在讲：自己是谁，有什么长处，打算怎么做等，没有任何人玩花样。我当时便想：是不是不应该玩花样？大家说不定会觉得我很怪，要不还是老老实实地讲吧。就这样，我放弃了原先的计划，做了一个和其他人并无太大差异的演讲。

我记得当天晚上我久久无法入睡，不是因为担心自己落

① 埃里克·霍弗：社会心理学家兼码头工人，大部分时间在码头做搬运工和修理工，其间写了多部著作，包括社会学经典《狂热分子》。离开码头后他又到加利福尼亚大学教书，曾获得总统自由勋章。

选，而是我感觉那天演讲时，我的躯壳并没有代表我的灵魂，我因为其他人的样子改变了自己的样子，那种虚空的归属需求让我迷失了自己。后来我告诉自己：**宁可有趣地失败，也不要平庸地获胜**。哦，对了，后来我确实也没获胜，我平庸地失败了。

在第一章描述的有趣的特征中，无论是非常规的行为、独到的视角，还是幽默的表达等，都可能会在从众面前败下阵来。一旦处在群体中，人们便好像戴上了同样颜色的眼镜，执行着相同的行动代码，而有趣消失得无影无踪。

害羞

你有没有过这样的经历？在某个集体活动中，有人让你来一段表演，你却脸红心跳地只想找个地方躲起来。又或者，在会议上你本来有个新奇的想法，最后却犹豫了半天也没好意思说出来，因为你担心大家会觉得这个想法蠢。其实这并不能代表当你真的去表演或发言时，人们不会觉得有趣，更不能说明你没有呈现自己有趣的一面的意愿，你只是被害羞这道坎儿卡住了。

我记得有一次给一家跨国网络安全公司上演讲课，课程时长共计两天，学员分为 5 个小组，每个小组大概 5 个人。课程的最后一个环节，是每组派一位代表上台进行一段 10 分

钟的演讲，然后其他人进行打分，选出最终的冠军。

两天的课程包含多次互动问答和各种小练习，所以学员有很多发言和练习的机会。不过，我依然发现有少数几位学员从来没有发过言，所以我就要求每组还没有发过言的那个人作为代表，来进行最后一轮的决赛。

前4组的代表讲完之后，轮到最后一位代表上场了。走上台的是一位女生，她个子不高，留着短发，戴着黑框眼镜，开口前一直抿着嘴，我能看出她有些紧张。但当她开口后，所有人都笑得合不拢嘴，因为她实在是太幽默了，而且还讲得有理有据。所有人全程都被她深深地吸引住了。说实话，我认为那是那场培训中唯一一个可以称得上有趣的发言。

不出所料，最后这位女生以明显的优势拿到了最高分，赢得了冠军。下课后我好奇地问她："你为什么在前面的练习中一直不发言呢？"她说因为她比较害羞，不好意思在这么多人面前演讲，要不是因为我提的要求，她最后也不会上台来。她自己也完全没想到会得到大家如此高的评分。她的同事后来也表示，从来不知道她居然还有如此有趣的一面。有趣的灵魂差点被害羞这道坎儿挡住。

害羞的人并不在少数。据统计，有超过 80% 的人曾有过害羞的经历，其中超过 40% 的人现在仍然容易感到害羞。[3] 这个比例在东方人中更高。害羞具体表现为在与人交流或者做出有趣的言行时会感到不自在，甚至胆怯。而造成害羞的原因是害怕暴露自认为的弱点或不得体的一面，使自己遭受或大或小的伤害，尽管有时这只是一种假想（第五章）。

然而，一项关于害羞与幽默感之间关系的研究发现，两者呈负相关。[4] 也就是说，一个人害羞的程度越高，就越难表现出幽默的一面。除了幽默，非常规的有趣行为或独到的视角的呈现也是一样，都需要跨过害羞那道门槛。

单一性

我的母亲是一位中医大夫。最开始，她在老家造纸厂的医务室上班，后来赶上 20 世纪 90 年代的下岗潮，便自己开了一家诊所。这个诊所是家和学校之外我常待的地方。放学后或者周末时，我经常去母亲的诊所，有时写作业，有时听大人们聊天。有时候，母亲还给我分配一个特殊的任务，那就是小助手。

既然是中医诊所，就少不了一个大物件——中药柜，也叫百子柜或药斗子。它是一个有着数十个小抽屉的木柜，每个抽屉里面又隔开了几个小格子，每个格子里放着一味中药。母亲诊所里的那个中药柜是深棕色的，每个抽屉外面贴了一张泛黄的标签，上面用毛笔写着对应的中药名称。

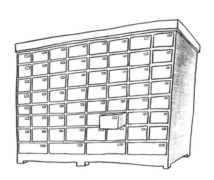

作为小助手，我的一项工作便是抓药。母亲依据病人的病症开出药方之后，会告诉我中药名，例如"金银花！10克！"听到药名后，我便赶紧去找对应的标签和抽屉，并抓出一把药让她称重。

我觉得这个工作很好玩。更有成就感的是，我慢慢记住了一些常用药所在抽屉的位置，因为尽管中药柜里有上百种药，但其实只有一部分是经常用到的药，例如甘草、菊花、金银花、蒲公英、黄芪等。当母亲让我去抓这些常用药的时候，我已经不用再一个抽屉挨一个抽屉地去排查标签上的药名。久而久之，那些经常被我拉出来的抽屉变得异常顺滑。

但是有一次，母亲开了一味对我来讲很陌生的药，我已经记不太清具体是哪一味药了，就当它是大戟吧。母亲告诉我：

"大戟，10克。"

我对着几十个抽屉找了好久，终于找到了，哎？怎么拉不开！我继续使劲拉，还是拉不开。

"大戟呢？"

"妈，抽屉打不开！"

于是母亲过来和我一起拉，我俩就像是和巨大的中药柜进行了一场拔河比赛，最终好不容易才拉开了抽屉。

原来，那味药好几年都没用过了，所以对应的抽屉也一直没有被拉开过。由于潮湿、变形等缘故，那个抽屉就像是锈住了。

多年后我发现，我们的许多行为方式与能力，其实和那些抽屉并无两样：那些常做的事、常用的能力，会越来越熟练、顺滑；那些由于客观或主观原因而没有经常使用的行为方式与能力，就会逐渐生锈、退化。对于有趣，也是同样的道理。有时，人们并没有害羞，也并没有从众，只不过他们那些和有趣相关的能力没有得到锻炼，"抽屉"就生锈了、卡住了。

我记得同样是培训课上的一次演讲，上台的是一家企业的一位高管，和前面那位冠军女学员不同的是，他没有一丝害羞，而是非常积极地进行表达。在座的人都能看出来，他在努力通过幽默的语言以及一些肢体动作，让自己的表达更加有趣，更加与众不同。不幸的是，他对于自己幽默的表达方式显得异常生疏，就好像是第一次炒菜、第一次滑雪一样。最终，大家不但没有笑，反倒为他捏了一把冷汗。

在主观上，他有着强烈的意愿去做到有趣，只可惜，过往的经历和工作环境带给他的可能只是严肃、平实的模式，当他突然想变得有趣时，却发现身上并没有装着"有趣"这味中药的"抽屉"，这便是单一性对于有趣的影响。至于单一性形成的根源，则要深入探寻我们的神经元是如何工作的。

我们的大脑由上百亿个神经元组成，这远超过人类肉眼可以看到的星星的数量，每个神经元就像是一个邮递员一样。比如，当梅兰芳在台上要摆出一个兰花指的动作时，部分神经元（邮递员）就会向其他神经元发送"翘动手指"的信息（信件），这个信息通过神经元一路传递到他的手指，最终完成这个动作。各个神经元之间有着大量上述的连接，它们就像一张密集的蜘蛛网，我们正是基于这样的连接来完成诸如读书、拥抱、踢足球、做饭、打字、聊天等行为的，当然，也包括那些有趣的言行。

然而神经元之间的连接，自从我们出生那天开始就一直在被改变，具体来讲，是在被创建、增强、减弱或解除，这个现象也叫"神经可塑性"[5]。例如，当我们学到一项新的本领时，相关的神经元之间就会建立起新的连接，而当我们不断练习一件事件时，相关的神经元之间的连接就会被增强，即信息传输越来越快、越来越高效。就好比我们在茂密的森林里踩出一条小道，它被踩得越多，这条小道就越平坦、越好走。

反之，如若我们不再走那条小道，植被便会慢慢地重新长出来，直到这条小道逐渐消失。也就是说，当我们不再持续练习某些事情时，相关神经元之间的连接就会减弱，甚至最终被解除，能力也随之消失。当然，对于从未尝试过的事情，相关神经元之

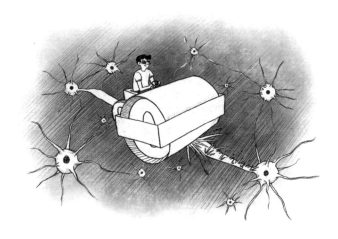

间的连接压根儿不会被创建。

这就是为什么那位企业高管在主观意愿上想进行有趣的表达，但在语言和行为层面做不到，因为他的那条"小道"还没有被踩出来，或者曾经存在过，但后来由于没有得到练习，慢慢被"植被"覆盖住了。

因此，当我们在特定环境下，如果需要做的事情并没有调动和有趣相关的神经元连接时，那么在日积月累之后，我们就很难即刻做出有趣的言行，保持有趣的状态。

对比以上三个影响有趣的内在因素，从众与害羞是人们在不同场景下做出的主观反应，即我们可以选择从众与否，或者哪怕感觉害羞，也可以选择迈出那一步。单一性则不同，当我们只有一个"抽屉"时，是无法瞬间变出第二个的，毕竟它需要前期积累。这就是为什么我们需要通过经历、时间来对抗单一的环境（第八章）。

这 5 位有趣的"杀手",有的游走在外面的世界,有的隐藏在我们内心,有的会迷惑我们,有的则会在关键时刻阻拦我们,它们都在不同程度上扼杀着有趣。

诚然,我们每个人可能不会全部经历上述因素,只不过每一个因素都有扼杀有趣的潜在可能性。另外,这些"杀手"有时也会抱团,彼此间相互作用。例如教育环境会助推我们的从众性(如前文提到的"标准答案"),社会标准也是造成我们的单一性(对人们能力衡量的单一性)的原因。

好在我们并不是束手无策。恭喜正在阅读的你,想必你已经意识到了有趣的重要性,以及为什么有趣与我们渐行渐远。那就让我们再向前迈一步——面对这些"杀手",想要做到有趣的话,应该怎么做呢?

做到有趣，需要远比言行
更深刻的东西。

4

"有趣"的
密码是什么？

那是一次有些分裂的经历。

在某次总裁班的培训中，我为 20 多位企业 CEO、CMO（首席营销官）讲"战略思维"课程。因为在场的学员都是大型企业里有着多年管理经验的高层，其中年龄最大的学员将近 60 岁，所以在第一天的授课中，我全程都非常严肃，或者说我有点儿"装"，尝试"装"出一种老教授的姿态，来掩盖我稚嫩的面容，以免他们认为我经验不足。

在一天的课程结束后，作为项目的一部分，大家共进晚餐。席间，我仍然刻意保持着老教授的风范，举手投足都放慢了一倍，还用专业的口吻来回答大家的提问。可就在这时，有一位淘气的学员（他应该是在某些平台上看过我的视频）突然用很大的嗓门说道："我知道朱老师的一个秘密！他在短视频里可不是今天这样，他很喜欢表演，还模仿卓别林，模仿李佳琦。"

他说完，所有人都瞪大了眼睛。

"大家想不想让朱老师现场表演一段呀？"

"想！来一段！"学员们齐声附和道。

天啊！虽说我一般不会害羞，但毕竟已经"装"了一整天了，而且还"装"得如此成功。这可怎么是好？一方面，我内心暗暗地和自己说："让你装！这下好了吧！"另一方面也在顾虑："我到底要不要演呢？气氛都已经到这个份儿上了，不演不好收场。但如果演的话，我'装'了一天的人设，就会当场崩塌，这可如何是好？"

我犹豫了。在那一刻，我意识到：**做到有趣，需要远比言行更深刻的东西。**尽管从行为层面，我完全可以做出有趣的表演，但真正左右我，真正决定我会不会脱下那层伪装的，远非行为本身。

在前面几章，我们反复提到有趣的特征，无论是异于常规的行为、从未听闻的观点、让人捧腹的幽默，还是一个人的多面立体，这些都只是呈现出来的外在结果。可做出异于常规的行为谈何容易？新奇的观点是怎么冒出来的？幽默又是如何做到的？这些外在结果的背后一定还隐藏了其他的东西。

比如，马车故事中的女生微微，在老板和司机剑拔弩张的情形下，在其他人愣神之际，为什么只有她可以幽默地化解冲突、缓和局势呢？和她身材一样的女生有很多，为什么她却可以拿自己的身材开玩笑呢？只是因为她掌握了幽默的语言技巧吗？答案显然不是。

语言和行为，都是人最为显性的部分，是站在"门外"就可以看到的东西。倘若我们要做到有趣，只有踏入"门内"才可以实现。

那么，打开有趣这道门的密码究竟是什么呢?

言行被什么操纵

让我们暂时从有趣这个话题中跳出来。从普遍意义上讲，一个人每天从早上睁开双眼到晚上入睡前的每个举动、每句言语，例如穿个性的服饰、在大会上激情演讲、与水果摊主砍价、扶老奶奶过马路等，不管有趣与否，都是由藏在人这个复杂生命体内的一些共性的、内在的东西操纵的。

在语言与行为层面上，几乎任何人都可以张口发出声音，但有些人只能说出只言片语，有些人却可以做出流利的演讲;任何人都可以在水里扑腾几下，溅出水花，运动员却可以用 50 秒游完 100 米。藏在这些言行背后的第一层，便是相关能力的支撑，这与言行本身有着明显的区分。

能力

我们有些言行是基于外界的刺激做出的简单反射，比如被水烫到时，会大叫并立刻把手挪开，但大部分言行并非如此。就像上面提到的演讲与游泳，只有掌握了表达能力，我们才可以言之有物，条理清晰；只有掌握了合理的换气方式、规范的泳姿，我们才能够在水中快速游动；只有掌握了目标拆解、问题解决、时间管理、沟通谈判、成本管控等方法，才能够胜任项目管理一职。

把言行转换为能力，我们需要掌握的不只是单个或零散的词句或动作，而是在特定情况下，一系列有着相关性的语言或行为，从而实现某一个特定的目的。例如，我们每个人天生就会呼吸、扭头、摆手、踢腿，但这并不代表我们天生就会游泳，只有掌握了让这些简单动作配合起来的方法，我们才可以在水里边换气边前进。

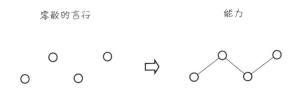

能力的形成，需要人在大脑皮层上对众多的信息进行整合（例如演讲中的讲话音调、演讲内容、肢体动作等），和视、听、嗅、味、触等感官系统进行联系（例如通过视觉系统来观察听众的反应，通过听觉系统来感知自己的音调等），并且能够进一步调整自己的言行（基于视觉与听觉的反馈，改善演讲到更优的状态）。因此，相比言行本身，能力是一个更深层次的因素。这里回答的是"需要什么才能实现目的"的问题。

在这里，我把能力分为两大类①，一类是我们大脑内部的活动——认知能力，另一类是外化的活动——执行能力。

认知能力

假如我们要准备一次演讲，首先得知道具体讲什么。无论主题是"世界和平"，还是"把大象装进冰箱的 18 个步骤"，都需要我们对这个主题形成相关的认知。比如：在主题为"把大象装进冰箱的 18 个步骤"的演讲中，我们需要考虑冰箱是否可以做成大象那么大的尺寸？冰箱的承重够不够？大象在冰箱里会不会被冻哭？大象会不会因为怕冷跑出来？把大象装进冰箱的这个举动是否会遭到动物保护主义者的反对？冰箱里要不要准备一些香蕉？

我有过一次无比失败的演讲经历，失败的原因是我没有对台下几百位听众的知识背景和需求进行了解，以至于听众对我讲的内容完全提不起兴趣。这也是因为我对听众的认知不够。

倘若要弄明白上述问题，我们需要查阅信息、理解、分析、判断，甚至想象，这个过程便需要认知能力。

对具体或者抽象事物的认知，是进行各种从简单到复杂的活动的基础，无论是做一道菜、进行某项体育运动，还是主持一场商务谈判、设计一款划时代的产品等，都需要认知。比如要掌握游泳这项技能就需要一系列认知：游泳时需要换气，自由泳换气的最佳时机，脚掌减少水阻力的方式，在水中头的摆放位置等。

———————————

① 能力也可以从其他维度划分，例如理解能力、创新能力、表达能力等。

再比如与跨部门团队谈项目合作，也需要一系列认知作为基础：项目的目标是什么，对方的真正诉求是什么，目标的实现对于对方的价值是什么，合作中应该如何分工才会让整体效率最高，对方可能提出什么样的条件等。

执行能力

认知能力外的另一类能力则需要我们通过肌肉动作完成特定的活动。例如：用笔在纸上画出优美的线条，把大象推到冰箱里，把脑子里的知识讲出来，按照商业计划去谈合作等。

执行能力可以从物理概念的角度去理解，它关乎速度（做多快）、质量（动作的力度）、位置（动作的精准度）。比如拳王阿里的招牌式躲闪需要速度，出拳需要质量，同时，整场比赛中都要不断调整与对手之间的距离，即自身位置。苹果新品发布会上的乔布斯，也是通过讲话的节奏、声音的力度以及简洁又明了的PPT设计（即视觉元素的位置），感染着现场的每一个人（所讲的内容本身是以认知为基础的）。

执行与认知密不可分。但是，有了认知并不代表就有能力执行。就好比我们知道游泳时应该如何换气，但实际上仍然有可能在换气时喝下满口的水；我们在脑子里告诉自己演讲时要加入一些手势，实际讲的时候却发现不知道手到底该怎么摆放。

从认知到执行，需要反复练习，从而让自己在神经和肌肉层面实现大脑中形成的意象。这个过程是半意识化的，即我们一方面会有意识地去锻炼某项能力，另一方面也会在无意识的情况下做出某些行为使能力得到提升。比如在我们一边和朋友聊天一边吃下 100 只螃蟹的过程中，吃螃蟹的能力不知不觉就会得到提升。

那么，有了能力就代表可以做出想要的言行吗？以演讲为例，如果一个人已经对某演讲主题有了足够的认知，也具备演讲所需要的表达技巧，那么他就一定可以做出精彩的演讲吗？

假设在演讲过程中出现了这几种情况：他根本就不觉得演讲这件事情是有意义的，从而他在演讲时完全提不起精神；他上台时观众没有鼓掌，导致他的自尊心受到了伤害；因为演讲举办方给他的酬劳没有达到他的预期，从而影响了他在演讲时的心情；他在演讲的过程中，说错了一个词，这让他觉得演讲已经失败了，结果在剩下的时间里他完全无法保持专注。

以上的每一种情况，都足以影响甚至摧毁这次演讲！但这是演讲能力的问题吗？显然不是，而是比能力更深入一层的东西——信念与价值观。

信念与价值观

信念

我们会凭借一张地图去寻找一个从来没有见过的雕塑或纪念

碑，哪怕我们不知道绘制地图的人是谁，卖地图的小贩有没有营业执照，我们仍然会按照路线行走，这是因为我们无条件地相信手中的那张地图。

信念就是我们**确信存在的事实**或者**正确的观念**，且不需要被证明。信念既包含肯定某事实或观念，也包含否定某事实或观念。下面是一些有关信念的例子。

关于宇宙和自然规律：

- "地球围绕太阳转"
- "人 3 天不喝水会死"
- "大象一定不喜欢冰箱里的温度"

关于人性：

- "父母总是爱我的"
- "别人不会忘记我们帮过的任何一个小忙"

关于个人成长：

- "出生在农村的人很难成功"
- "当我失败时，是因为我的运气不好，而我会将成功归结为自己所拥有的才华"（卓别林的信念）
- "通过自身努力能达到的高度是有限的"
- "如果把时间无限压缩，许多付出在第二天就会有结果"（我的信念）

信念产生于我们从出生开始的经历（尤其是关键性事件）、教育、社会及文化环境等。

价值观

价值观是我们认为**重要的准则或标准**，它涉及多个方面，诸如我们认为哪些美德是重要的（例如尊重、关爱），怎样的行为方式更可取（例如维持友情、使用权利），应该追求什么样的人生目标（例如快乐、自由、财富、健康）等。这也是为什么价值观会在根本上影响人们之间的交往，如亲密关系，因为它涉及人生中重要课题的权衡与取舍。

我记得我在英国读工商管理硕士（MBA）时，班里的同学都会被分成若干学习小组，一起完成老师布置的作业或者项目。但是在第一学期刚开始时，我们学习小组的协作并不顺畅，大家甚至会吵架。

后来我慢慢发现，每个人在完成小组作业过程中在乎的东西都不同。例如：有位美国女生认为每次作业都要达到最好的结果，即获得高分；意大利同学认为要享受在学校的每一寸时光，因此他写作业时也要有美酒和火腿相伴，而是否得到高分并不重要；一位英国女生认为最关键的是把课上学到的每个概念都运用到作业中，因此练习才是重点；我当时更看重在探讨同一个问题时，不同文化背景的人会有什么不同的观点，我不在乎高分，也不在乎练习。所以，在完成前几次小组作业的过程中我们经常吵得不可开交。

以上这个例子映射出的就是价值观的不同。获胜、享受、进步、体验世界的丰富性，到底哪个更重要？每个人的答案都是不同的。

后来，我们事先确定并协调好当次作业的重点，大家才得以愉快地进行协作。

价值观和信念的区别在于，信念是关于"什么一定是对的"，而价值观是关于"什么是更加重要的"。

下面是一些有关价值观的例子。

关于做事的方式：

• "做任何事情时都应该追求愉悦"

- "在人际交往中要让身边的人感到舒适"
- "在合作中不能强迫别人"

关于人生选择：

- "一个人必须要不断地成长"
- "家人的健康比事业成功更重要"
- "宁可有趣地失败，也不要平庸地获胜"（我的价值观）

　　这里重要的不是了解信念和价值观之间的区别，而是关注它们所起的作用。让我们回顾一下前面提到的出现4种情况的演讲者，他拥有演讲的能力，可是操纵他表现的并非能力，而是他的信念与价值观：当在他的价值观中不认为与人分享是有意义的，那么他便不会对演讲感兴趣；因为没有掌声而感到受伤，是因为在他的信念中，没有掌声等于没有尊重，而在他的价值观中，尊重很重要；酬劳太低而影响心情，是因为在他的价值观中报酬比其他东西更重要；由于说错词影响了专注力，是因为在他的信念中，瑕疵代表着失败。

　　可以看出，哪怕一个人具备做某件事情的能力，但其根深蒂固的信念与价值观就像一只无形的手，可以轻易地摧毁一个人的表现。当然，信念和价值观也可以反过来强化一个人的表现。这一切几乎都是在无意识的状态下进行的。

　　信念和价值观共同影响着我们在做事、表达、与人相处等方面的态度（心理倾向）以及最终的选择，并在本质上帮助我们回答了两个问题：一件事情是否能做，以及是否有意义。进一步讲，这两个问题都是在解释"为什么"。

信念和价值观层面的问题，比能力层面的问题——"需要什么才能实现目的"，对一个人的影响要更深远。这种影响在 1995 年外科医生布鲁斯·莫斯利的一个实验中得到了充分的印证，一度震惊了媒体及心理学界。[1]

布鲁斯医生找了 165 名因患有膝盖关节炎而感到疼痛的病人，他们的疼痛感都在中度以上，但关节炎的严重程度并没有达到重度①，另外他们的病情都持续了半年以上且以前从未做过手术，而且他们的疼痛程度是均匀分布的。布鲁斯医生对这些病人的治疗分为两大类。

对于第一类病人，布鲁斯医生对他们进行了关节清洗治疗——把有菌物质或脱落的软骨等冲洗掉，或者清创手术——把损伤或坏死的组织切除并进行修整，两者均为常用的治疗手段。而对于第二类病人，布鲁斯医生只是模拟了清创手术的过程：在他们的膝盖部位切开几个小口子，并假装用器具对损伤或坏死的组织进行了切除，但实际上并没有将任何器具放入膝盖中，同时病人们都服用了镇静剂并经历了整个手术过程。

因此，第二类病人和第一类病人一样，他们在信念上认为自己确实接受了治疗。

在随后的两年里，布鲁斯医生对这些病人进行了追踪观察，结果令人吃惊：那些只是在信念上认为自己接受了治疗的病人，

---

① 病人的关节炎严重程度从轻度到重度分为 0~12 级，该实验排除 9 级以上的病人。

无论是疼痛程度的减轻，还是膝盖功能的改善，都和真正接受了治疗的病人相当！在这个例子中，信念甚至影响了一个人的身体状况。

然而，信念与价值观还不是影响我们言行的最深层因素，在"门"的最里面还有一层——身份。

身份

"我是谁"是有关于身份的核心问题，即我们如何看待自己在家庭、社会、世界中所扮演的角色。身份比前面提到的能力、信念和价值观这两个层面更为深刻，这也是为什么"你是个失败者"听起来要远比"你没意识到这件事情的重要性"，"你还没学会怎么做这个事"更加刺耳。因为它关乎我们存在的意义，以及我们与所处环境之间最本质的关系。**身份会从根本上动摇我们的信念、**

价值观、能力、言行。

　　试想，假设有一位企业高管，如果他去某行业论坛演讲前把自己定位成一位"被拥戴的领导"，而不是"有价值的内容分享者"，那么他可能不会有动力围绕主题去整理和准备自己的演讲内容。或者，当台下满是同级别的同行时，他却在台上以专家身份自居，以高高在上的姿态给大家灌输思想，尽管他有着很好的演讲能力，尽管他在信念上坚信这次分享有价值，但他还是有可能会遭到听众的抵触，最终变成一次失败的演讲。

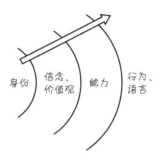

　　在《魔鬼辞典》里，安布罗斯·比尔斯[1]对"人"的定义很有趣："人是这样一种动物，他们沉醉于自以为自己是谁，却忽略了他们应该是谁。"[2]

　　你可能会想，我自己是谁我还不知道吗？然而，在这个复杂

----

[1]　安布罗斯·比尔斯是一名记者与讽刺小说家，他看起来很喜欢魔鬼，因为他还著有《魔鬼的乐趣》。1913年，71岁的他去前线报道美国内战，随后在给挚友的一封信中写道："我明天即将去一个未知的目的地。"他从此便失踪，成为一个永远的谜。

[2]　原文："Man, n. An animal so lost in rapturous contemplation of what he thinks he is as to overlook what he indubitably ought to be."

的世界上，人处在多个环境、多种关系中，有着多个不同的身份。在特定情况下，有人可能真的对自己当时的身份不自知。

比如，我们在公司时常会看到这样的场景：有些新员工等着老板来规划和催促工作任务，工作做完后等着老板来验收；有的员工则主动思考自己需要做什么，自己对自己的成果负责。前者就像一个没长大的孩子或者学生，只不过他自己还没有意识到自己身份的转变，所以产生了消极的态度及行为方式。

再比如，如果一位女性生了小孩后，一直停留在母亲的身份没有跳出来的话，会发生什么呢？她可能会忘记自己独立女性的身份，在无意识的情况下，丢掉作为独立女性的信念或价值观，例如对美的追求、时间分配原则等，进而在行为上无法作为独立女性和她的丈夫互动，甚至可能失去女性的吸引力。同样地，如果她没有调用自己女性的身份，就不会像女孩一样撒娇。身份的转换对男性来说也是同样的道理。

有一次，中国网球选手李娜在比赛中输掉一局后，回到场边休息，她的教练姜山跑过来正要对她进行指导，没想到李娜张口就是一句："你要是看不下去，就滚出去！"这位教练一时竟没反应过来，原来李娜是在对这位教练的另外一个身份——丈夫说话。因为姜山既是李娜的丈夫，也曾是她的网球教练。

每个人都有多个身份，这些身份并不仅仅是指一个人的名字或者头衔，而是关系到我们如何认定自己当下的角色，甚至从广义上也包含我们如何看待自己存在的使命和在世界中的定位。例如：有人认为自己是可以改变世界的人，有人认为自己是太空探索者，有人只是想照顾好身边的人。只不过，人们在不同的情况下可能并没有意识到自己当下的真实身份是什么，以及这个身份对自己的影响。

那么什么会影响我们对自己身份的认定呢？我认为主要有三个因素[2]。

经验反馈：过往的经历有些让我们获益，有些让我们受损，这些会影响我们选择扮演什么样的角色。比方说，一个人在 A 角色上享受到了大家的赞赏，而在 B 角色上收到了负面的反馈，那么他会更多地扮演 A 角色。如果一个人在公司给自己的身份定位是变革者，他提出了很多创新的举措，但屡屡受挫，甚至威胁到了自己的饭碗，那么他会倾向于把自己的身份转换为顺从者，因为后者更安全、更舒适。

最近身份：如果我们长时间扮演某个身份，就很难从中跳出来，转换到下一个身份中。当一个高层管理者在公司以职场领导的身份工作了 10 个小时后，他回到家时可能无法立刻从"领导"的身份中跳出来，以至于继续"指挥"家人。

社交环境：一个 20 岁的年轻人，当他处在一群 50 岁的人中间时，会更多地意识到自己在年龄维度的身份——我是一个"年轻人"，而忽略自己在其他维度的身份，如"老师"。当一个金融分析员和一群程序员待在一起时，他会更多地意识到自己的职业身份，忽略自己在其他维度的身份。因此，当我们所处的社交环境在某个维度上有显著的差异时，例如上文提到的年龄、职业，会更容易激发我们在这个维度上的身份。

因此，身份就像是我们衣橱里的帽子，有很多顶，关键它们还都有魔力。当我们戴上某一顶帽子时，它就会开始起作用，影响我们相信什么、在乎什么。

　　身份连同另外两个层面——信念与价值观、能力，由内向外层层影响并操纵着我们每天的一言一行。如果我们想要改变或调整言行的话，则需要反过来，从外向内去解决问题。例如当一个人在行为上没有管理好一个团队时：

　　首先，进入能力层面——是关于什么能力的问题？是决策能力还是沟通能力？

　　其次，当能力层面没有问题时，则要进入信念与价值观层面——是他不信任团队，还是他认为讨好老板比团队业务更重要？

　　最后，如果在信念与价值观层面没有问题，则再进一步深入身份层面——他如何看待自己？他是否真正进入了管理者的角色？他认为自己的角色是什么？是家庭的守护者、行业研究者，还是企业家？

我们要从可见的外部的言行一层一层地向内深入，去寻找真正的答案。

让我们再回到有趣。

对于有趣的人，无论他们采取何种方式，在上述三个普遍意义的层面同样适用。比方说画家黄永玉先生，80 岁还在开跑车（行为），这需要他肢体协调、反应速度快才能够掌握开跑车的技术（能力），但有技术不代表就一定会去做，除非可以突破"年龄太大则不适合开车"这样的信念，并认为体验自己热爱的事物是人生重要的组成部分（价值观）。在身份层面，他甚至不会觉得自己是传统意义上的上了岁数的人。

让我们把镜头再切回到本章开头我在培训晚宴上遇到的困境。

在行为与能力层面，把我在视频中已经表演过的东西再重复一遍并没有难度，但是在大家的鼓励和掌声中，我仍然在犹豫："演还是不演？"我在更深的层面面临着更为艰难的自我拷问。

在信念与价值观层面，我想的是，学生们会不会认为进行幽默表演的老师在商业领域不够专业？在人生中，是稳妥地完成当下所做的事情更重要（完成培训课程），还是冒着风险活出真实的自己更重要（进行幽默的表演）？

在身份层面，在这场晚宴上，我应该保持老师的身份，还是抛开老师的身份做大家的朋友？

这三个问题让我足足犹豫了十几秒钟，它们就像是绑在身上的几根绳子一样紧紧地束缚着我。

真正的"杀手"

如果我们反过来看第三章提到的那些有趣的"杀手"，除了教育环境和社会环境这两个外部因素，要克服从众性、害羞、单一性，也同样需要从上述三个层面入手进行梳理，它们才是那些"杀手"背后的"大佬"。

从众性的"杀手"

前文有提到，从众不利于我们变有趣。那么人们在什么情况下会更容易从众呢？

首先，针对社交群体中人们正在讨论的话题或者采取的行动，如果我们的认知不足，或者能力不及群体内的其他人时，则更倾向于从众。就好比让一个数学差的人，和三位统计学博士讨论应该如何对两个调研问卷结果进行交叉分析，又或者让小猪和7只啄木鸟开会探讨应该如何在树上打洞，数学不好的人和小猪的从众压力不言而喻。这便是**能力**层面对从众的影响。

其次，如果一个人根本不认为成为群体的一分子是重要的，而是认为表达个人主张更重要的话，他便没有从众的动力；再或者如果一个人希望融入某群体，但是他不认为只有与大家保持一致的意见才会被群体接纳，那么他也不会有从众的倾向。这便是**信念与价值观**层面对从众的影响。

最后，我们有从众倾向，往往是因为我们着眼于某个特定的群体，比如一个部门中的 10 个人，聚会中的 30 位老同学，演讲比赛中的 20 位选手等。在那个时刻，我们认定自己是该群体中的一员，所以才会有从众的倾向。但我们在这个世界上所隶属的群体不止一个，我们也不只拥有一种身份。如果我们把自己视为其他群体中的一员，或置身于更大的范围中，那么结果会怎么样呢？假定，在我那次失败的学生会竞选中，我告诉自己，我不是竞选者，而是一个想用歌曲表达自己的人，那么从众的倾向一定会降低。这是**身份**层面对从众的影响。

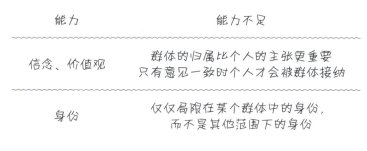

图 4-1 影响"从众"的因素

害羞的"杀手"

第三章提到害羞有时会阻碍我们的有趣，那么人在什么情况下更容易害羞呢？

首先，我们往往会在不熟悉的场合、不擅长的领域中更容易害羞。就好比让一个五音不全的铅球运动员突然当众高歌，或者让小猪在鸡群中表演"金鸡独立"，这种情况下出现害羞的可能性更大。这是**能力**层面造成的害羞。

其次，当我们认为别人总会关注自己展现出来的弱点时，就会引发害羞情绪；或者当我们认为自己的体面比把当下的事情做好更重要时，也会增强害羞情绪。这是**信念与价值观**层面对于害羞的影响。

最后，有时人们害羞是因为把自己局限在了一种默认的**身份**中，而这个身份影响着我们在其他层面的认知与表现，例如一个人第一次从县城去市里参加文艺比赛时会想"我就是个人们看不起的乡下人"，或者一个人在会议上发言时心里想"我只是个新人，他们都比我有经验"。"乡下人""新人"就是在某些场合下，人们给自己的默认身份。

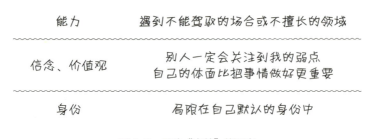

图 4-2　影响"害羞"的因素

单一性的"杀手"

有趣的另一"杀手"——单一性，也是类似的情形：能力的缺乏是造成单一性的直接原因；认为开发更多样的能力不重要，尝试不同的事物也不重要，这是价值观层面导致单一性的原因；

在某种环境下，一个人认为只有某些特定的言行方式才是合适的，这是信念层面导致单一性的原因；把自己局限在某一特定的身份下，这是身份层面导致单一性的原因。

上述内容的主要目的并不是为了剖析从众性、害羞或单一性的原因，而是希望从反面来思考这些制约有趣的因素，并认识下文提到的 4 个层面对于有趣的作用。

打开有趣的门

让我们回到本章开头的那个问题：打开有趣这道门的密码是什么？其实答案已经浮出水面了，只不过，我希望从到底"如何"才能变得更有趣的角度对前文提到的层面进行重新组合。

首先，我把身份、信念、价值观统称为**内在系统**（Internal System）。它们都是我们心灵最深处的东西，没有形状，没有重量，我们甚至都没有意识到它们的存在。它们作为一个整体，左右着更外层的东西。正是由于具备强大的内在系统，梅逊·扎伊德才可以轻松地谈论自己的缺陷，罗西尼的内在系统则让他做出了有趣的转弯。I 是有趣的密码的第一位（第五章）。

其次，我会把能力中的认知能力单独拿出来分析。尽管它与执行能力都属于能力的范畴，但两者有着很大的区别。**认知**（Cognition）更多地集中在大脑思维层面，要是我们不说出来，别人就无法了解我们的认知。倘若没有认知，我们呈现出来的言行则会无比空洞。有趣的人，在认知上往往非常丰富或独到。特雷弗对于俄式英语的独特认知，南希和她的同事对于代码"米奇"与奥兰多之间的关联的认知，卓别林对于胡子可以带来的喜剧效果的认知，这些都是他们有趣的佐料。认知是我们在观察、思考、体验中不断积累、不断内化的东西。C是有趣的密码的第二位（第六章）。

最后，在外在层面，我把执行能力并入行为与语言。因为在我们练习如何做、如何说才更有趣的时候，会同时调用执行能力。我把如何做，即**行事**（Execution），与如何说，即**表达**（Language）分开来看，毕竟这两者要做到有趣，在操作层面也有着很大的区别。有的人让我们看到了好玩的做事方式或找到了不一样的路径（第八章），而有的人只是讲话就可以很有趣，这体现出的是语言的多样性和故事的曲折性等（第七章）。E、L分别是有趣的密码的第三位、第四位。

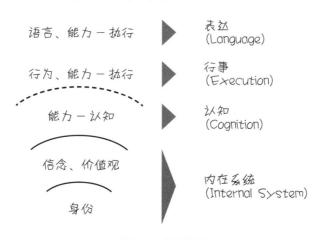

图4-3 有趣的密码

这样的话，"有趣"的 4 个密码就是：I、C、E、L。如果我们把表达（L）与行事（E）比喻成最引人注目的树冠，那么认知（C）就像是树干，它输送养分并支撑着树冠的生长。内在系统（I）则更像树根，虽深埋于地面之下，却在土壤中合成营养，支撑着整棵树的稳固。当有风吹来的时候，树冠会摇晃，树根却稳稳不动。这四者之间互相关联，共同作用。接下来，我将从内在系统、认知、表达、行事 4 个层面展开，探索如何变得有趣。

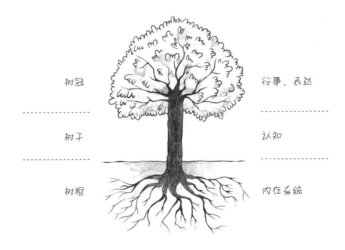

树冠 ············· 行事、表达

树干 ············· 认知

树根 内在系统

有趣需要的不是完美，更准确地说，有趣需要不完美。

5

内在系统

虽然有趣的人的外在表现各有不同，但隐匿在他们心灵最深处的东西有着很多的相似性。内在系统虽然藏在"地面之下"，我们很难看到它们，但是看不见的才是永恒的。不论有趣是通过语言还是行为等方式来呈现，以下 4 点都会帮助我们积蓄养分，让有趣开枝散叶。

树根

放下自我

我有一位业务上的合作伙伴（他的公司代理我的培训课程），他算是我的商业伙伴中为数不多的在生活中经常聚餐、聊天的人，我觉得他很有趣。他是个老北京人，浓眉方脸，身材魁梧，爱吃涮肉。我们在这里就称他为"魁魁"吧。

有一次，我们一起去拜访一位客户，这位客户是国内某大型零售集团的培训总监，负责管理集团内全年的培训项目。我们拜访的目的就是希望对方能够把我的课程纳入他们的培训计划。毫无疑问，这位客户是这次会议的核心人物，我们称她为"丽丽"。

那天一大早，我和魁魁便来到丽丽公司的会议室等候。9点钟，丽丽准时到来。

尽管在我做培训的几年里，我已经经历过上百次这类会议，可这一次，对方的气势镇住了我。有一堆人围在丽丽身边，形成了一个方阵。一个助理负责开门和关门，一个员工专门负责发言，还有若干个员工带着手抄笔记本。我们明显能感觉到员工和丽丽之间的距离感，员工对她又敬重又有几分惧怕。看得出来，丽丽是公司元老级的人物。

丽丽本人看上去50多岁的样子。她的衣服款式简单、传统，质地却很好，透露着低调的名贵。她的神态……怎么形容呢？总之，当时她让我想到了一代女皇武则天，再配上如此庞大的阵容，我感觉自己理应顺势下跪，才足以匹配她高高在上的气质。

而最引人注目的是她的发型，是那种20世纪90年代曾经很流行的大烫头。她的头发不算太长但有很多小细卷，高高地堆积在头顶，几乎可以赶上厨师帽的高度了，这和她身边女员工的披肩长发形成了鲜明的反差。我记得我上一次见到这种发型，还是在东北遇到几位来自蒙古国的大姐的时候。这个发型，不能说难看，可我当时也没觉得特别美，虽然有那么一丝时髦的气息，但时髦中泛着岁月的尘土。

基于我多年的经验，我预计这次的会议不会太顺利。

随后，我强撑着膝盖不让自己跪下，同时上前一步，与丽丽握手两秒，并露出七分的微笑。这时，魁魁也上前与她握手，本该开启"很高兴认识您"或者"您气质真好"这样的对话，但魁魁说了一句话，让现场气氛瞬间凝固：

"呀！您这发型真有特点！"

没错，原话就是："您这发型真有特点！"什么？怎么可以和"武则天"这样讲话？

员工的脸"噌"的一下就变白了。对于他们来讲，如此随意和私人的话题，显然是不应该在工作场合对丽丽这样有威严的领导讲的，况且我们还是第一次见面。在场的所有人，包括我在内，都不知道如何打破这个僵局。

这时丽丽开口了，而且略带一丝羞涩："哦哈，真的吗？"

一方面，就像在场的其他人一样，她不敢相信在这种场合居然有人说出这种话；另一方面，她脸上又透出一丝惊喜，仿佛这是她人生中第一次听到一位男性直接对她的发型发表评论。她期待着魁魁的回答。

"对啊，我觉得好特别！真好看！"魁魁真诚地点头并回答道。听到对方再一次的肯定，丽丽笑了，还笑出了声音，笑得像个少女。

虽然在场的其他人还没彻底反应过来，但也跟着笑了。丽丽随后招呼我们坐下，准备开会。开会的过程中，丽丽简直就像变了一个人，又或许，她根本没有变，只是把本来包裹着的自己敞开了。会议的具体过程不再详述，我只想说4个字：特别成功。我本以为，自己看到一位客户就能大致判断出这次会议的状况，显然这次失误了，而魁魁的一句"真情告白"扭转了整个局面。

会后，我想弄清楚这是魁魁的社交技巧，还是完全发自内心的反应，于是问他："你说那句话的时候是怎么想的？"

"没怎么想啊！"魁魁说。

"丽丽本来是很严肃的，可你一上来就评价人家的发型，你不怕她不接受你这种调侃而冷场，或者在场的其他人觉得你这么说不合适吗？"我继续问道。

"嗯？没有。我只是说出了我当时的想法而已，这也是我当时唯一的想法。"魁魁回答道。

在那一刻，我竟然有些惭愧，甚至想嘲笑自己。因为我发现在这个事件中，我和魁魁的关注点截然不同。我关注的是别人如何看待或评价自己，我把自我放在了事件的中心。魁魁却丝毫没有考虑别人眼中的自己，只是专注于想说的话、想做的事。

这次经历让我意识到，当一个人抛开自我时，是多么有力量。只可惜，**这种以自我为中心的倾向，我们从未完全摆脱。**

以自我为中心的倾向

当我们呱呱坠地时，便开始被父母无微不至地照料。一哭就得到满足，伸手就得到一切，这让我们觉得自己无所不能，觉得自己就是世界的中心。在儿童心理学家让·皮亚杰的实验中，他发现当4岁的小孩面对由三座不同的山峰组成的模型时，他们会认为山峰背面或侧面的玩偶看到的景象和自己看到的是完全一样的。[1]难怪有一次我和女儿玩捉迷藏，她把脑袋扎到了墙角，屁股朝外，喊了一声"我藏好啦"之后就以为我看不到她了。而当玩具娃娃掉到地上时，小孩会觉得娃娃疼，也是同样的道理。这些都是因为小孩认为其他人与自己有同样的所见所感。

图 5-1　让·皮亚杰的实验中所用的"三座山峰模型"[2]

　　随着慢慢长大，我们已经可以分辨上述那些简单的场景。但对于更为复杂的情形，我们仍然倾向于把自己视为事件的中心，即自我中心主义。

　　你有没有过这样的经历：因为今天的头发比较乱或者衣服上有污渍，所以觉得许多人都在看自己，或者说错一句话便认为别人都会记住，实际情况有可能并不是我们想象的那样。

　　康奈尔大学的托马斯·吉洛维奇教授和他的研究伙伴做了一系列实验来验证这个现象，称其为"聚光灯效应"，即我们总是认为自己是被聚光灯照亮的那一位，并被其他人注视。其中最著名的实验是请一些人穿上印有过气歌手头像的 T 恤，然后让他们走进一个有许多人的房间。[3] 离开房间后，穿着 T 恤的受试者认为房间里大概有 50% 的人注意到了他们的 T 恤。但是，真实的调研结果是，只有 20% 的人注意到了。后来，受试者的衣服换成了当红歌手或政治家的头像，例如雷鬼乐歌手鲍勃·马利或马丁·路德·金，他们代表着更加积极或流行的形象。结果仍然一样，受试者远远高估了别人对自己的关注程度。

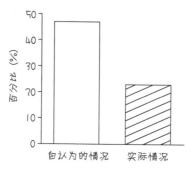

图5-2　聚光灯效应——关注者人数

随后，托马斯教授对这个实验进行了升级，在大学排球队员中做了另一个实验。在几轮训练过后，他让队员进行打分。

- 一个是让队员**猜测**其他队员给自己打的分数。从 –3 到 +3 代表从最不好到最好，如果认为和自己以往的平均水平相当，就是 0 分。
- 一个是按同样规则给其他每一位队员的**实际表现**打分。这样的话，每个队员都会收到其他人对自己的实际表现的打分。

结果是，整体上队员自以为别人给自己打出的分数，比别人真正给自己的打分的绝对值更大，也就是说，自己以为别人会打 3

分时，其实别人只打了 1.5 分，而自己以为别人会打 –2 分时，别人可能只打了 –1 分或 0 分。人们自以为的打分范围要大于实际打分范围。这再一次证明了聚光灯效应——我们都以自我为中心，把别人对我们的印象放大了。①

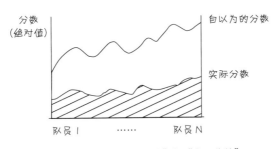

图 5-3 "自以为的分数"与"实际分数"

这和有趣有什么关系呢？实际上，人们的自我中心倾向最凸显的时候，正是其言行最偏离常规的时候。例如：穿带有非常规图案的 T 恤而不是普通白 T 恤时；在球队打得特别好或者特别差，而不是不好不差时；到台前发言而不是和其他人坐在台下听时。而偏离常规正是有趣所需要的。

因此，要想真正做到有趣，就要摆脱自我中心主义，因为它会在我们考虑做出一些言行时，偷偷把我们拦住。

---

① 也有少数相反的情况，例如自己以为是 –1 分别人却打了 +2 分。该情况不影响整体规律。

三种决策逻辑

当我们面临一些选择时，往往会受到三种不同的决策逻辑的影响，尽管它们通常只是一闪而过。

结果逻辑：指我们会分析所做的不同决策会带来怎样不同的结果，并基于哪个决策会带来最优结果进行选择。

例如公司组织了一次晚会，让你去当主持人，这里的结果逻辑就是分析：

A. 如果去了，会带来什么样的结果？（例如可以使能力得到锻炼，可以间接带来晋升的机会）

B. 如果不去，又会带来什么样的结果？（例如可以好好地欣赏晚会，或者当晚可以不去参加晚会，而去健身）

假设，最后你决定去，那是因为基于分析，你认为 A 的结果是最优的。

结果逻辑有一定的好处，例如：它为我们提供了比较清晰的推理依据，可以帮助我们在决策时看到各种可能的后果，但它也有明显的弊端。

（1）预测结果需要一定的逻辑推理能力，但并不是所有人都具备这个能力。

（2）我们对于结果的预测有局限性，现实世界往往比我们推理的要复杂得多。在上面的例子中，去或不去晚会只会带来两种结果吗？不一定。因为说不定没有参加晚会而去健身的话，你会遇到一个志向相投的人，最终两人一起创业，找到了自己更喜欢的方向；或者去参加了晚会，但由于你没有准备充分表现糟糕，影响了自己在公司的自信。这里出现了第三种和第四种结果，有太多事情是我们无法预测的。

（3）如果我们用辩证的思维去看结果逻辑：因为结果最优，所以我去做。但反过来是不是也成立呢？因为我去做了，所以成功了，这也是可以成立的。对于一个决策，哪怕基于分析它不是最优的，但是我们如何执行，如何调整自己，如何调用资源等都会在很大程度上影响结果。因此，遵循结果逻辑，我们可能会忽略过程对于结果的影响。

（4）结果逻辑会给我们一万个不去行动的理由。毕竟，事情总有引发一些负面结果的可能性。假使只盯着这些负面结果，那么我们可能会否决掉所有的决策。

因此，结果逻辑更适合过程与结果之间的关联较清晰且结果是单一维度的简单场景，例如主要参考财务投资回报率这个结果。

自我逻辑：对应前面讲到的自我中心倾向，自我逻辑是指我们做决策并不是基于对客观结果的预测，而是基于别人如何看待我们自己。比如，我这么做别人会怎么看，他们会不会觉得我这样不好，我出丑了怎么办等。

自我逻辑无疑会让我们把注意力聚焦在我们在别人眼里的样子，而不是事情本身。它给了我们一个假象，会阻碍我们向前迈进，或影响我们的发挥。

恰当性逻辑[4]：这里强调的不是结果，也不是别人如何看待自己，而是应该采取的行为。恰当性逻辑是指我们从事件中跳脱出来后去问：在同样的情况下，和我身份类似的别人一般会怎么做。这里的别人可以是我们崇拜的人，可以是我们的师长，也可以是普遍意义上的其他人，但绝对不是自己。

恰当性逻辑可以引导我们把自我从思绪中扔掉，将关注点更多地放在事情本身，即事情怎么做是恰当的，并帮我们摆脱结果或别人的眼光对我们的束缚，遵循作为人本能的动机。

在"丽丽她笑了"的故事中，魁魁不一定在刻意思考什么是恰当性逻辑，但他关注的一定不是结果，也不是自我，而只是把那一刻自己想说的说了出来。

当我们产生一些新奇的想法，或在犹豫要不要做一些不合主流的事情时，往往就是有趣的萌芽之际，同时，也是自我中心主义伸出魔爪，虚幻的聚光灯缓缓移到我们头顶上的时候。这时，我们可以提醒自己："嘿，伙计，别人的注意力并不在你身上！"与此同时，我们还可以通过恰当性逻辑来调整自己的关注点。

在我发布视频作品的几个月后，有一天，湖南卫视联系我，邀请我去参加他们的综艺节目——《叮咚上线！请回答》，希望我可以用有趣的方式讲沟通知识。

那一期节目是由微表情心理学专家纪宇老师和我一起录制的。节目中，我们俩代表两种不同的观点。他的观点是："观色"更重要，即看别人的眼色行事；我的观点是："察言"更重要，即能够听懂别人的话中话。虽然这个节目不是竞赛或挑战的性质，但显然我们俩持有的是完全不同的观点，因此有一种微妙的对抗关系存在。

纪老师第一个上场演讲，他在讲话的同时，也在通过观察台下观众的表情，猜他们的所思所想。例如他问了主持人靳梦佳一个问题，当对方正在犹豫时，他立刻说道："我来告诉你，你在想什么：你张大嘴巴持续了 0.3 秒，你还在快速眨眼，1 秒钟眨了 3 次。也就是说，这个问题实际上对你非常有压力。你脸上的每一个表情都逃不过我的眼睛。"观众也觉得他这种通过表情猜心理活动的方式非常好玩。

而在上台开讲前，我其实已经想好了一段开场白，并且心里也很有把握。但当纪老师演讲时，我脑子里突然闪出一个想法：要不要推翻自己的开场白，换成纪老师那种观察表情的方式，反过来调侃一下纪老师？要不要用这样有趣，同时也是一种友好的方式来调动一下气氛？不过，此刻又有另外一个声音对我说：导演和观众会不会不接受这种方式，效果不好怎么办？我要不还是别瞎改了。节目的录制方式是一遍过。当我脑海中闪过这两个相反的想法时，离上场已经不到5分钟了。没时间犹豫了，改！

我上台后，先问了纪老师一个问题："纪老师，你能通过'观色'，看出我现在内心有一团火吗？"（这个问题是什么其实并不重要）

在他犹豫时，我立刻用和他刚才一模一样的方式说道："大家看他的微表情，嘴微张0.851 42秒，眼睛1秒钟眨了5次！通过微表情这说明，他觉得这个问题好难！"（以表明"观色"其实并不奏效）

这时候，全场已经沸腾。台下的主持人、嘉宾、观众都欢呼了起来，他们没想到，表情观察员居然被观察了表情。这对于大家来讲，完全是个意外。我紧接着表达了观点："所以我的观点是'察言'更重要"，并继续讲完了剩余的内容。录制结束后当我下台时，导演冲过来对我说的第一句话便是"开场的效果太棒了！"

我想说的并不是那次录制有多么成功，况且当时的舞台对于我来讲很生疏，我也并没有掌握在综艺节目中的表现技巧。然而，那个录制过程告诉我的比技巧更重要：我在上台前所犹豫的正是**结果**如何，或者别人会如何看**我**。如果在那一刻，我没有按照本能反应换个方式开场，而是出于对结果和自我的过度关注，抱着原先的台词不放，我就会错失一次出其不意的开场。正是由于我在恰当性逻辑下的反应得到了导演、观众的正向反馈，进一步打开了自己，因此我可以在下次再遇到类似事情的时候，能更加从容地调整自己，更加自信地专注在所做的事情本身。

切换身份

我们每个人都有多重身份。

比如：一个人既是公司的员工，也可能是某些员工的领导，既是父母的孩子，也可能是孩子的父母，还有可能是国家公民、专家、才艺表演者、网络新闻评论员、厨师等。

要想变得有趣，我们需要能够基于所处的不同场景，例如公司会议室、酒吧、朋友的婚礼、儿童游乐场等，灵活地在不同的身份之间切换，而不是让单一的身份禁锢我们。因为，就像在上一章说的那样，身份会操控我们做一件事情的意愿、心态以及行为。

要想切换身份，我们可以参考的最典型的例子就是演员。因为演员需要在不同的剧情中，基于他们的角色，自然地展现出不同的状态及行为。只不过，我们切换身份需要的不仅仅是演，还要真正进入那个身份或角色应该具备的状态。

《演员自我修养》的作者、苏联导演及戏剧教育家斯坦尼斯拉夫斯基提出，表演大致分为两种。

第一种是表层演出，指演员动动眉毛，眨眨眼睛，说出动人的台词，做出拥抱的动作，这仅仅停留在外在层面的状态。例如当演员 A 扮演一位被帮助的人时，在戏中他努力地挤出微笑，并和另一位演员 B 说："真的很感激你这次的帮助"，但是演员 A 的心里没有任何感激的情绪，他在想："我其实不喜欢和你一起演戏"，这就是表层演出。在这种状态下我们无法调动自己真正的全部情绪，同时在场的人也能感受到。

第二种是深层演出，是指演员真正进入角色的内在状态，即演员就是角色本身。他们不再是仅仅使用表情或者语言，而是作为当事人，由内在状态呈现出一举一动，这已经不是"演"，斯坦尼斯拉夫斯基称之为"住进角色"。

为了进入角色，达到深层演出，演员希亚·拉博夫在关于第二次世界大战的电影《狂怒》开拍前，加入了美国国民警卫队，作为上尉的助理参与到实际工作，包括在某作战基地^①待了一个月。不仅如此，由于在电影中他的角色在战场上会受伤，化妆师计划给他脸上画出伤疤并且模仿一颗牙齿掉落的样子，但他拒绝了，他亲自用刀在脸上划出一道伤口，并让牙医拔掉了自己的一颗牙齿。他认为只有这样才能够真正进入角色。而丹尼尔·戴-刘易斯在《我的左脚》中扮演一位脑瘫者时，从未离开过作为道具的轮椅，就像该角色应有的生活一样整天躺在上面，并且每天让工作人员用勺子喂他吃饭。

尽管我们在日常生活中不需要演戏，但也同样需要遵循"深层演出"的原则。只有真正深入角色，我们才能摆脱信念、价值观上的束缚，做到自然、洒脱，展现出那个角色有趣的一面。那么具体都有哪些切换身份的方式呢？我认为有三类。

---

① 　指为前线提供物资、通信、医疗等支持的根据地。

水平切换

身份1 ———→ 身份2

　　水平切换是指在完全不同类型的身份中切换。还记得第四章我那个尴尬的故事吗？我在总裁班"装"了一天的老教授风格之后，突然被学员要求进行幽默表演。我在举棋不定时，仍旧把自己封锁在传统观念的老师身份中——老师怎么可以在学生面前进行幽默表演呢？

　　而当我开始水平切换自己的身份，决定抛开"老师"这个身份，真正进入另外一个身份——晚宴上大家的一个朋友时，我发现原先的那些顾虑没有了，先前的声音——"进行幽默表演的老师够不够专业"也全然消失。因为作为朋友，我并不需要足够专业。

　　随后，我就像在我的视频中表现的那样，放开了自己，为大家表演了一段。那些学员也像对待朋友一样欢呼、起哄，甚至"取笑"我。和我先前所担心的形成鲜明反差的是，在我以新的身

份亮相之后，学员和我的关系明显更近了一步，而且第二天的课程氛围和第一天完全不同，能看得出他们更加放松了。而他们的这种状态，也反过来感染了我。

正是从老师到朋友身份的水平切换，让我在左顾右盼之后终于可以摆脱顾虑，展现出了更加适合当下场合的一面，也展现出了大家应该认为是有趣的一面。

要做到角色切换，需要两个步骤。

识别舞台：这里的舞台是指场合，我们需要从当下的舞台中抽离出来，站在舞台的上空，然后问自己：这到底是什么舞台？这个舞台有什么特点？比如在刚才的例子中，我发现那个舞台并不是属于老师和学生的讲堂，而是一个人们希望得到放松、欢笑的晚宴。在其他情形中，你也可能发现自己从会议室这个舞台转移到了夜店，从谈判桌的舞台转移到了家庭聚餐，从养鸡场转移到了家长会，从财务办公室转移到了演讲台，或者从化学实验室转移到了野外生存培训班。

确认角色：基于所识别的舞台，问自己：这个舞台需要的是什么角色或身份？（而不是我本身是什么角色）这个角色需要有什么特质？这和我在上一个舞台的角色有何不同？

在上述晚宴的场景中我意识到，在学员开始起哄时，他们需要的并不是老师这个角色，而是一个可以和他们打成一片的朋友。同样的道理，如果是在夜店，需要的不是会议室主持人，而是忘我的舞者；如果是在演讲台，需要的是一个真诚的分享者；如果是在培训班，需要的则是能够把自己归零，拥抱新知识的学生。

水平切换的过程就好像一只横移的小螃蟹从一个舞台跨到了另一个舞台，只不过在它跨过去之后，已经换了一个身份，"彼蟹不知何处去，此蟹嫣然笑春风"。

向下切换

　　我们再来举两个例子。

　　公司在年底组织了一次团队建设活动，地点选在海边。大家吹着海风，有人在谈笑风生，也有人在随着音乐舞动身姿，这时候有一位公司的高管，并没有加入人群与大家互动，而是保持着往常的姿态讲话。另外一位高管，则变身普通员工，忘我地进入舞池，和大家一起跳起舞来。你会觉得哪位高管更有趣呢？很显然，是第二位。

再比如，在一次有许多小朋友和爸爸妈妈共同参加的家庭活动中，一位是叉着腰看小朋友玩耍的爸爸，另一位是和小朋友嬉戏打闹在一起的淘气老爸。哪位爸爸更有趣，答案不言而喻。"跳舞高管"和"淘气老爸"都对自己的身份进行了向下切换。向下切换身份给了人物更多的立体感，就好像本来是单层煎饼，瞬间变成了千层榴莲蛋糕。在第二章"厨房沙拉决斗"的故事中，餐饮经理汤姆卷起袖子和厨师一决高下，他所做的也是向下切换。

当然，人不分高低贵贱，这里的向下并不是指人的等级，而是在职场、家庭或社会等特定范畴下，在已有的约定俗成的层级上，如上述例子中的职位、辈分等，从上往下切换，就像滑滑梯一样，"嗖"的一下滑下来。

因此，如果你是一位部门经理，可以适时切换到普通职员的角色；如果你是步入职场八年的老员工，可以尝试切换为大学生的角色；如果你是一位专家，可以切换为一个请教者；如果你是森林之王大老虎，偶尔可以切换为一只小松鼠。从时间的角度来

看，"下"往往代表了我们曾走过的路和我们曾经扮演过的角色。因此，敢于向下切换不仅是一种乐于把自己放低的态度，也是一种愿意拥抱过去的胸怀。

向上切换

你有没有过自己想做或者被要求做一件事，但觉得自己不够格，或者不配的时候。例如：

> "这种场合，我这种小人物不适合发言吧！"
> "我条件这么差，根本不配向她／他表白。"
> "我身材不够好，不能上台。"

这些都是关于向上的资格感。一个人的资格感受若干因素影响，例如过往的客观环境因素（出生地比较贫穷），家庭因素（父母缺乏资格感，影响了孩子），被贴标签（父母在孩子小的时候说"这孩子就是嘴笨"），文化观念因素（"上梁不正下梁歪"）等。不论是什么原因，这都是我们的一种主观意象。当缺乏资格感时，我们就会很难做出行动。

这时候我们需要向上切换，这里的"上"便是我们认为有资格做出相关行动的身份。当切换身份时，我们需要问自己：如果我是他，此刻会怎么做？会是什么样的状态？比如，当上台发言时，如果一个人觉得自己是新人有些不好意思，那么可以把自己切换到公司领导的身份，有了这样的设定，自己便会更加自信，发言也会更洒脱。再或者，当一个初入行当的喜剧演员上台表演想象一个自己感到尴尬或者不好意思展现自己的场景。

_____

_____

自己当时默认的身份是什么？

_____

_____

当时还有什么其他身份或角色可以切换？

_____

_____

如果你切换到其他身份，会有什么样不同的状态或做法？

_____

_____

_____

_____

时，如果他认为自己资历不够，不配获得掌声，那么这无疑会限制他的表演。倘若他把自己想象为功成名就的演员，这反而会让他的表演更加自如。

向上切换身份并不是假装，也不是痴心妄想，而是一种状态的代入。就像"深层演出"的演员一样，他们不是那个人，却胜似那个人，这种角色的代入最终能带来更加有感染力的表现。

放大缺点

"完美"听起来总是美好的，而苛求完美往往会扼杀美好。

世界上追求完美的人越来越多。在一项跨越 27 年（1989—2016 年）的研究中[5]，心理学家及社会学家让人们填写了一份"多维度完美主义量表"，这个量表包含 45 个问题，例如："做到完美对我来讲是极其重要的"，"如果一件事情没有做到完美，我很难放松下来"等。填写者选择他们同意的程度（1~7 分），最终得出完美主义系数。研究数据显示，同意以上论述的人，即完美主义者的人数在持续攀升。

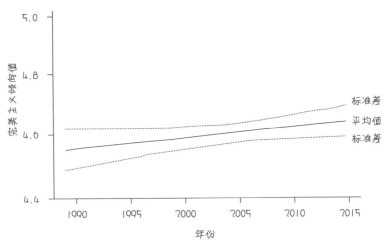

图 5-4　完美主义倾向的趋势

究其原因，一方面在于全球的信息流通越来越发达，这让我们看到了更多在不同领域做得比我们好的人，看到了更多的可能性、更高的目标等，例如我们看到了在社交媒体上有人过着看上去很美好的生活，了解到世界顶尖大学的入学门槛等，然而这些又间接地抬高了我们身边的人（如父母）对我们的期待；另一方面在于人才竞争的加剧，例如企业有着更加广泛的渠道来吸引或寻找人才，就好比原先是镇上的 5 个小青年竞争一份工作，但现在一个岗位的招聘广告在几秒钟内被上万人看到。

我自己曾经也是个完美主义者，工作中的一个小瑕疵就会让我懊悔不已，别人的一个负面评价也会让我久久无法释怀。有一次，一位领导严厉地批评了我在一个项目上考虑不周的地方，并指出了我身上的一些缺点。尽管他说得合情合理，但这对追求完美的我来讲简直无法接受。我的脑子里不断闪过："我怎么可以有这么多缺点。"

在这样的打击下，我当时觉得在这个项目中乃至公司里，都不应该有我的位置。我已经记不清自己当时是怎么走到办公楼的厕所，关上门，坐在马桶上，戴上耳机，把音乐开到最大声来麻醉自己，以至于我现在听到那首音乐都有想上厕所的感觉。

后来我慢慢发现，追求完美，至少对我们大部分普通人来讲，是一种不切实际的虚荣，甚至是一种无知。完美主义就像若干层胶带一样，紧紧地缠绕着我们，让我们瞻前顾后，畏手畏脚。而有趣的行为方式，需要打破完美主义对我们的束缚。

有趣需要的不是完美，更准确地说，有趣需要不完美。

不完美与吸引力

人们总是喜欢完美的人吗？一个由心理学家精心设计的实验给出了答案。[6]

几十位参与者被要求听 4 段录音，这 4 段录音分别是 4 位即将参加大学智力竞赛的选手在面试时的场景（采取听录音的方式而不是观看视频的方式是为了去除外貌的影响）。听完录音后，参与者需要给这 4 位选手打分。这个实验的设计者刻意让选手在两个方面表现出不同。

- 个人能力：通过问这 4 位选手 50 个有难度的问题，观察他们能答对多少，答对得越多，自然显得能力越强。
- 是否会出丑：面试结束时，有些选手会不小心打翻咖啡杯从而洒自己一身，当然这是提前设计好的；录音中也会出现面试者慌张地挪凳子、苦恼地抱怨自己等声音，比如"啊！糟糕，这太愚蠢了。"

这样 4 段录音就会体现出 4 种不同的选手类型。

- 完美者：答对了大部分问题，且面试全程无过失。
- 能力优秀的不完美者：答对了大部分问题，但面试结束时出丑了，咖啡洒到身上。
- 平庸者：仅答对少部分问题，但面试全程无过失。
- 有过失的平庸者：仅答对少部分问题，面试结束时同样出丑了。

听完录音之后，参与者基于一系列问题给这 4 段录音中的选手的"吸引力"打分，共 8 个问题，满分为 56 分。结果令人吃惊：大家认为最有吸引力的人并不是第一种完美者（吸引力平均分为 20.8 分），而是第二种，即能力优秀的不完美者（平均分为 30.2 分）。

优秀的能力能让一个人产生吸引力这并不奇怪，但是加上一点点过失或缺陷的话，这些不完美因素不但没有降低其吸引力，反而增强了吸引力。这种现象被称为"出丑效应"。为什么出丑这种不完美因素会增加一个人的吸引力呢？那是因为**不完美会让我们看到一个人更真实、更普通的一面，也会让我们觉得那个人和自己更相像，同时还给了我们一种鼓励——接受自己身上的不完美。**

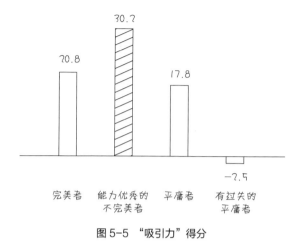

图 5-5 "吸引力"得分

　　我记得在我做讲师的第一年，每次开始上课前，组织方都会先向现场的学员介绍一下我，罗列一堆听起来很光鲜的履历，我听着一边脸红，一边内心美滋滋的。有时，我在做自我介绍时也会尝试只把那些成功和优秀的相关经历告诉学员。

　　但后来我发现，这带来的仅仅是几秒钟的虚荣感，对于真正拉近与学员之间的关系并没有什么帮助，况且得到学员认可凭的是讲课质量，而不是自我介绍。后来我逐渐调整了自我介绍的方式，不再虚荣地伴装完美，而是更多地分享我的一些糗事。我发现这样的开场白反而会引得大家发笑，同时学员与我也更亲近了。

　　当然，承认自己的缺点其实非常难，对此我深有感触。但我们需要知道我们自己如何看待自己的缺点，和别人如何看待我们的缺点，二者其实并不一致，这叫作"美丽的混乱"效应。

"美丽的混乱"效应

什么是混乱？就是我们对自己身上的缺点的认知，与其他人对我们的缺点的认知之间有着显著的差距，所以产生混乱。为什么混乱又是美丽的呢？因为其他人对我们的缺点的认知更为正面，所以混乱是美丽的。

来自德国的社会心理学研究员安娜·布鲁克和她的同事为了验证混乱的存在，以及混乱中是否存在美丽效应，做了一系列研究。[7]他们首先设置了若干个会让一个人暴露缺点的场景。

场景一：一个人和一帮朋友一起去泳池游泳，但这个人对自己的身材非常不满意。

场景二：在工作中，自己犯了一个错误，然而老板不知情，需要向老板承认这个过失。

面对这两个场景，研究者会让一些人把自己想象成当事人，即在上述场景中会暴露缺点的那个人；另外一些人则想象自己是旁观者。

场景三：给一些参与者选取一首歌曲，让他们对歌曲进行创意改编并当众演唱（这次不是想象而是真实的任务），这对大部分人来讲都很难做好，所以意味着他们会暴露一些不完美。这些人等同于场景一、二中的当事人。同时还有一些人被告知他们会成为评估者，即旁观者。

在上述场景中，为了验证是否有混乱以及混乱是否美丽，研究员让参与者填写了两份问卷：

对于所有场景中的当事人，他们需要回答一系列问题——关于自己如何看待暴露缺点这件事，并选择同意的程度（1~7，1代表最不同意，7 代表最同意）。对于正面的问题，例如"暴露缺点，代表我有勇气"，1 和 7 分别代表对这件事最不积极和最积极的评估；对于负面的描述，例如"暴露缺点，说明我很脆弱"，最终的评估是相反的，即如果选择 1（最不同意）在结果中会被转换成 7（最积极）。同理，如果选择 7（最同意）会被转化为 1（最不积极）。

对于以上场景中的旁观者，他们需要回答和当事人一模一样的问题，只不过换成了第三人称视角，如"暴露缺点，代表他 / 她有勇气"，这样确保当事人可以看到他人在同样的维度上如何评价自己的缺点。

根据调研结果，研究者既发现了混乱，也看到了美丽。在这三个场景中，针对当事人所展现出来的缺点，旁观者对当事人的评估比当事人自己的评估更加积极，即当我们自己认为某个缺点很严重且比较负面时，别人并不这么认为。在这三个场景中，当事人对自身缺点的积极性评估平均分值是 4.2、4.6、4.2，旁观者的打分则是 5.1、5.1、4.9。

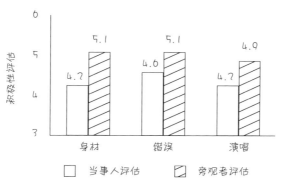

图 5-6　对缺点的积极性评估

我们可以看到，一方面我们喜欢看到别人真实的一面，另一方面我们又害怕被别人看到我们自己的缺点。但实际上，我们可以告诉自己，不完美是美丽且积极的。认识到这个事实后，我们便可以朝有趣再进一步。当我们认识到暴露缺点其实并没有想象的那么糟后，甚至可以尝试将缺点"放大"。

敢于放大的勇气

这里的"放大"不是指发扬光大，而是敢于主动地把"缺点"暴露出来。

在第一章的故事中，微微其实就是放大了自己的（大众眼中的）缺点。本来领导和司机在争执座位没有坐满时要不要发车这个问题，微微却主动拿自己的身材开玩笑来化解争执，"我这个体格，够不够两个人？"

这个所谓的缺点，在其他人那里可能会被藏起来，放到她这里已经成为一个金光闪闪的"武器"。我曾经问她，这只是她的一个幽默技巧，还是她已经全然接纳了自己这个特点，她说她认为这就是自己，独一无二的自己。

凯文·哈特是一位曾获得多项大奖并登上过《时代》杂志的喜剧演员。我记得在一次演讲中，身高 163 厘米的他走上舞台，舞台中央有一个立式支架和被高高支起的话筒，他走上台的第一个动作便是刻意用看似很费力的动作把话筒的位置调低，然后调侃道："我知道你们在整我！"于是观众瞬间被逗乐。

这里他把自己身高的特点放大了，主动拿出来让大家看到，让大家笑出来，这时候大家在意的已经不是他的身高，而是他对自己的"缺点"竟然可以如此坦然。试想如果他让工作人员提前悄悄把话筒调低，然后再上台，就错过了这样一个有趣开场的机会。

我遇到过一家非常可爱的书店，它放大的不是人的缺点，而是书的缺点。这家书店办了一个书展，书展的主题写在一块儿小小的牌子上：

"未出售图书展
一直不惹人注意，但我也是一本好书"

原来是一直未卖出的书集体亮相了。在牌子的周围，摆着许多本书，每一本书的下面，都有一张手写的小纸条，上面写着诸如"已有 800 多天未出售"或"已有 600 多天未出售"。路过的人们都忍不住地拿起并翻开那些书，因为太有趣了！一般的书展都会极力推荐一本书有多么多么好，这次书展却把自己卖不出去的糟糕业绩赤裸裸地展示给大家，这让大家不由自主地觉得它很可爱。

为什么放大缺点会让我们觉得那么有趣呢？因为它让我们看到了一个人对自己彻彻底底的接纳，只有接纳了，才可以把缺点当作一个皮球，任意"玩弄"。**这种对缺点的接纳，体现了一种让我们羡慕的状态与勇气。**

当然，无论是认识到缺点并非像我们想的那般负面，还是敢于放大缺点，这些都不是最终的目的，真正的目的是在我们的内心层面，让缺点可以与我们共存，成为自身的一部分。缺点是有趣的基石，而不是绊脚石。

唤醒童真

　　"憨豆先生"是一个仅仅通过 15 集短片，就传播到了 200 多个国家，播放量超过百亿次并在社交媒体上吸引了上亿人关注的人物，他在短片里有趣的表演收获了不同文化环境下各个年龄段的人的喜爱。当其扮演者罗恩·阿特金森在一次访谈中被问起为什么"憨豆先生"这个角色会让大家觉得如此有趣时，他的回答很简单："只不过是把一个 9 岁的孩子装进了成人的身体里。"

　　听到这句话我恍然大悟。我们居然被他骗了，表面上看他是个大人，但让我们开怀大笑的，是藏在表面之下的那些小孩子才有的举动：在餐厅，把自己不喜欢吃的食物偷偷藏进隔壁桌女士的手提包里；在牙科诊所，趁医生不注意玩口腔吸唾管，看能不能把医生的咖啡吸进去；家里来客人时发现没有酒了，就自作聪明地在香醋中加一些白糖给客人喝。

　　那么为什么我们喜欢看他表演，而且还会笑呢？那是因为我们心里也藏有一个小孩子，我们也曾有过类似的想法，比如把不喜欢吃的东西藏起来。只不过在我们长大后，当这种想法再次冒出来时，我们把它按下去了。而当我们再次看到有人真的那么做了的时候，感受到了一种久违的释放。

　　回看那些有趣的人，他们往往都有一份童真。

　　如果一个人说死后想把骨灰包起来送给别人，让他们拿回去种花，我们可能不会觉得这是一个成年人的想法。而提出这个想法的人是画家黄永玉。

特雷弗深夜不敢上厕所，大声说俄式英语给自己壮胆并称自己是大宝贝，也像是一个小孩子做的事。

把专业的航线代码换成动画形象的名字"米奇"，是不是也像是孩子的做法？

当然，童真并不只是恶作剧或捣乱，它有很多珍贵的特质，例如想象力、爱笑、无畏等。更重要的是，童真并不是一种需要习得的能力，而是我们每个人天生就有的东西，它从未消失，只不过被我们藏在了身体里的某个角落。要想变得有趣，我们只需将它唤醒。

那么唤醒童真意味着什么呢？

纯粹的当下

小孩子关注的和想要的往往都非常纯粹、单一，这也是为什么他们有时看起来很乐观、很无畏或很专注。

比如，当屋顶漏雨时，大人会担心，漏下来的水如何清理，屋顶修补起来很麻烦，房顶发霉怎么办；而小孩可能会高兴地说，"在家也能看到雨滴咯！"因为小孩的世界很纯粹，当下只有雨滴。假设我们去参加跑步比赛，大人会想，今天能不能跑下来，腿抽筋了怎么办，中途会不会有水之类的问题；而小孩可能只会关注自己的粉色手环好不好看。

能够在当下保持纯粹与简单，是童真让我们觉得宝贵的原因之一。随着越来越多的经历带来的负担和压力把我们的世界填充得越来越满，那份美好与乐趣的空间也被挤压得越来越小，以至于我们几乎忘却了雨滴和粉色手环也是美好的。而童真就像一个小铃铛，"叮铃铃"把我们叫醒，并提醒我们去关注那些纯粹的美好。

少一层滤纸

成年人在做事和说话时总是会有很多顾虑，这些顾虑就像一层层的滤纸一样，把那些好玩的、淳朴的想法一一过滤掉了。

记得我在泰国读书时，在某门课程的最后一节课上，老师需要每位同学上台呈现自己编写的一个电脑程序，同时老师也会在台下观看，这类似答辩。每位同学讲完后，老师都会让其余的人来提问，看该同学能否解答清楚。我其实有些担心提问环节，因为我完全不知道其他同学会问什么稀奇古怪的问题。前面每位上台的人都按照要求，一一解答了同学提出的问题，答辩按部就班地进行着。

轮到一位泰国女同学时，老师照例问道："台下同学有问题吗？"

没想到这位女同学立刻说道："没有，没有，我知道你们肯定没有问题！"

全场所有人，包括老师，都被她这句话逗乐了。

是因为她太笨了所以不敢回答问题吗？当然不是。我相信在场的许多人包括我自己都不喜欢被提问，都希望其他人没有问题。

只不过，我们没有说出来，而是把这个想法过滤掉了。在潜意识里我们认为这个想法太幼稚，成年人怎么能这样呢？这位女同学则扔掉了那层滤纸，直接表露了她内心最真实的感受，所以让大家觉得她如此有趣。

当我们脑海中出现一个奇怪的点子，或是想表达一种期望，又或是想做出一些离奇的举动时，那层滤纸就会出现，我们便开始怀疑那个点子是不是太愚蠢，那样表达到底合不合适，那个举动会不会太可笑。就这样，本可以很有趣的东西就被挡住了。

而唤醒童真，需要去掉那层滤纸。

保持好奇

我很赞同诺贝尔文学奖得主若泽·萨拉马戈说过的一句话："当好奇心消失时，我们开始变老。"[①]

小孩子总是对他们看到的各种事物充满好奇。而正是这份好奇，驱动着人们去开拓那些作为树干的认知，由此产生新奇的、有创意的想法。正是好奇让卓别林留意到喝汤先生的胡子，让特雷弗去品味俄式英语的独特风格，让理查德对水龙头的水流下来时变得越来越细感到好奇。尽管理查德自己承认"它（水流变细的原因）对未来的科学可能并不重要"，但他还是忍不住一探究竟，这就是好奇的力量，这也是他可以把肥皂泡、蜂鸟、空中飞舞的盘子等，这些生活中的点点滴滴都融入他的量子力学物理课，让他的授课变得有趣的一个原因。

---

① 原文："Age starts where curiosity ends."

我曾经参加过一门叫作"自然体验师"的课程。课程内容是学习如何通过与大自然进行亲密接触来疗愈内心。该课程包含一些活动，比如：闭着眼睛去触摸并感受树皮的纹理，趴在地上用放大镜去观察不同的草的叶脉纹路，或是聆听山林里到底有哪 10 种声音等。在那几天里，几乎每个大人都像小孩子一样，被那些小花、小草、小树、小鸟、小水滴、小石头吸引，观察、感受并记录它们。当时我不禁感叹，这些本来是自小就触手可及的东西，可自己几十年都不曾仔细感受过。当带着好奇去仔细感受它们时，我们就会发现世界竟是如此丰富又深邃。

在好奇面前，世界应该每天都是新的。 要唤醒好奇，我们需要在每天睁开眼睛时把大脑中的认知归零，就像换了一副眼镜一样去重新认识所遇到的一切。如果归零太难，那么至少也要归到 0.141 592 6，因为剩下的 0.858 407 4，才是可以带来有趣的东西。

调动顽皮

顽皮也是值得唤醒的特质吗？那不就是淘气吗？其实顽皮可以带来力量，并且是很特殊的一种力量。

被誉为"现代催眠之父"的心理治疗师米尔顿·埃里克森曾经提到人有三大原始能量，前两个都很好理解：勇敢、温柔。比如，当我们希望一个人把苹果分我们一半时，勇敢这个原始能量会让我们敢于提出这个要求。但如果只是勇敢地说："把苹果给我！"就会比较生硬。而温柔这个原始能量会让我们比较委婉、有分寸，说出来的感觉就像"可不可以把苹果分我一半呢？谢谢"。

他提到的第三个能量是顽皮。顽皮和前两个能量不太一样，如果说勇敢像石头，温柔像水，那么顽皮像个乒乓球。它会让我们说出："妈妈说，有好东西不分享的人就是大坏蛋，你想当大坏蛋吗？"

体会到区别了吗？顽皮这个乒乓球会在"乒乒乓乓"的跳动中敲打到对方，但并不严肃，也不用力，而是让对方感受到一种善意的"调戏"。这也是为什么当"顽皮"这个乒乓球出现时，人们不会抵抗也不会绷紧神经。

（关于我们在做事过程中如何让顽皮带来有趣，我将在第八章展开。）

内在系统包含4个方面：放下自我，切换身份，放大缺点，唤醒童真。其实这些都是关于自我，只不过是角度不同。放下自我是让自己不受外界目光的影响，专注我们应该做的事情；切换身份是让自己在不同的场景下，可以自如地展现出不同的角色，呈现出不同的状态；放大缺点是接纳我们身上的每一个部分，让不完美成为我们有趣的伙伴；唤醒童真是找回生命中那种从未消失但又美好的孩童状态。当然，它们之间也会相互促进，例如：童真可以让我们放下自我，切换身份可以让我们在某些场合下忽略缺点，放下自我可以帮助我们敢于放大缺点。归根到底，这些都是在让我们做更真实、更完整的自己。

当然，这里的4个方面还不是帮助我们变有趣的具体操作方法，它们仅作用于心灵层面。但作为树根，它们稳固了，自然能够生长出有趣的言行。那么让我们将视线转移到树干——从认知角度去探寻如何变有趣。

有趣的人，有时只是让我们
看到了在认知层面被忽略的
那一面。

6

认知

本书的前两章提到，当人们体验到有趣时，得到的往往是一种积极的触动或思想的延伸。这就意味着不管以什么样的方式呈现，在认知层面，有趣的人至少会有一些超出我们已有认知的东西，无论是一抹胡子，还是无厘头的画名。否则，我们不可能被触动或被启发。

有趣的人的认知，要么比其他人更广，了解其他人从未听闻的"新大陆"；要么比其他人更深，察觉到其他人没有留意的细节；要么针对同一个事物，他们看到了不一样的一面。例如：特雷弗至少在认知上认为俄式英语是彪悍的；航空管理局的南希和她的同事，至少看到了奥兰多和"米奇"代码之间的关系；哪怕一个人讲笑话把我们逗乐，至少人家还知道一个我们没听过的笑话。

当然，认知远不仅是笑话。认知这个"树干"可以输送整个世界乃至宇宙中所有有形的、无形的事物，比如一个概念、一个现象、一张照片、一个故事、一棵小草，又或是海底的一个未解之谜。它们就像是百味佐料，等待被我们加工成一道风味独特的菜肴。当然，就像单独的一味佐料，例如花椒，并不会带来美味，单一的某个认知也不一定直接带来有趣。但各种认知的叠加、组合，可以带来有趣。

拓展广度

拓展认知广度，可能是实现前文提到的超出人们已有认知的最为直接的方式。就像在水平方向上进行"1+1+1+1……"计算，在已知的事物上做加法，一旦某个"+1"是人们不熟知的，那么这就可能成为一味有趣的佐料。

我在英国读书时，学生经常会在午休时间拿着三明治和咖啡，三五成群地坐在草坪上闲聊。我们那一届的学生来自79个不同的国家，可想而知，大家的英语口音是多么五花八门。但我发现，决定大家能不能聊起天来，以及能否聊满一个小时的并不是语言，而是话题，尤其是话题有没有做到"+1"，即是不是大家从未听闻的事物。记得有一次，我无意间给那些从来没有到过中国的国外同学分享中国的一些习俗，例如：中国特有的酒桌文化，新年时长辈会给晚辈红包而不是贺卡。他们都瞪大了眼睛，像小孩子在听童话故事一样。因为我讲的都是他们以前完全没有听说过的新事物，这给他们做了认知加法。假如我讲的内容是他们早已了解的东西，比如在伦敦的大街上看到了双层巴士，这就等于在他们的认知上加了个零，自然掀不起一丝波澜。

我本来以为这是个小伎俩，但是加入麦肯锡之后我发现，认知加法也是这家业界收费最高的咨询公司的常用法宝之一。例如，如果客户只知道国内市场的商业模式，那么我们就告诉对方国外市场还有什么其他玩法；如果客户只知道营销方式 A，那么我们会介绍营销方式 B；如果客户使用 X 奖惩制度，那么我们也会介绍 Y 制度和 Z 制度。

在认知上做加法时，我们首先要知道做加法的方向，这就涉及范畴。

认知广度的范畴

拓展认知广度意味着如果我们已有的认知是一个"点"，要思考是否还可以增加第二个点、第三个点。比如，我们对自己从事的职业如理财产品推广有一定认知，是否还可以对其他职业如精算、公关、风险管理等也有一定认知；如果对便利店业务有一定认知，是否可以再多了解咖啡店业务、快递站业务、花店业务等。

在进一步探讨认知范畴之前，我们首先需要明确到底什么是"有一定认知"。因为如果只是"知道一点儿"，那么这种认知水平很难对有趣形成支撑，毕竟那是大家都知道的东西。所以达到什么程度才算有一定认知，才可以成为认知广度阵营中的一员呢？大家可以参考我在课程中常用的"5 分钟原则"。

当我们从一个点向多个点拓展时，认知广度分为范畴内的广度与跨范畴的广度。

范畴内的广度：如果一个人既懂民谣音乐，又懂古典音乐、雷鬼音乐、蓝调音乐等，那么这个人在音乐"范畴内"有着一定

什么是认知的"5分钟原则"

针对某一个概念，例如一个行业、一种动物、一个知识点等，你是否能在 5 分钟内讲给别人，且达到下述两个标准：

- 解释清楚它到底是什么（让别人能听懂）
- 讲出一些大部分人并不知道的内容（让别人有所得）

如果以上两个标准都可以达到，说明你对这个事物有一定的认知，它可以作为有趣的佐料。

的认知广度。再比如，一个人不仅了解东亚文化，还了解拉美文化、日耳曼文化等，这说明他在地域文化这个"范畴内"，有着一定的认知广度。

因此，范畴内的广度是指我们有认知的那些点都在同一个类别或同一个维度内，如图 6-1 所示。

跨范畴的广度： 假设小孙是一位产品经理（职业范畴），虽然他并不了解其他职业（在职业范畴内没有认知广度），但是他热爱并熟悉摇滚乐（音乐范畴），并且他还有一位尼日利亚的朋友，这又让他很了解非洲文化（地域文化范畴）。他的认知并不是在同一个范畴内展开的，而是跨越了完全不同的范畴。可见跨范畴的广

范畴	范畴内的广度					
职业	推广员	产品经理	公共关系员	道具布景师	速记员	润音师 ……
音乐	民谣	古典	流行	雷鬼	蓝调	摇滚 ……
地域文化	东亚文化	拉美文化	日耳曼文化	伊斯兰文化	非洲文化	南亚文化 ……
行业	航空业	餐饮业	食品业	汽车制造业	化工业	典当业 ……
语言	汉语	英语	法语	俄语	日语	西班牙语 ……
……	……	……	……	……	……	……

图6-1 范畴内的广度

度是指我们有认知的内容，并不在同一个类别或维度内，而是跨越了完全不同的范畴。

图6-2 跨范畴的广度

因此，当我们拓展认知广度的时候，既可以指在同一个范畴内我们了解到什么，也可以指在不同的范畴中我们了解到什么。这两种广度没有好坏高低之分，只是适用性不同。范畴内的认知广度更具系统性，例如我作为讲师必须在我所讲的知识所属范畴内有认知广度；跨范畴的认知广度更发散，这些认知之间更容易擦出异样的火花。

拓展认知广度的意义不仅在于了解到更多独立的"点"，还在于这些点之间会互相促进。除了"1+1+1"式的叠加，认知广度的拓展还会带来化学反应。

广度与认知升级

伽利略是第一位在关于月球表面形态的问题上，提出和亚里士多德的宇宙论不同观点的人。[1]亚里士多德认为太空中的星球和地球有一个显著的区别：前者都是完美的球形，表面如同抛光过的大理石般平滑，只有地球的表面是凹凸不平的。

伽利略却在400多年前的某天，拿着一个质量比现在街边玩具商店出售的都差的望远镜，在观看月亮后用意大利西北口音大喊："不对！月亮上有山！"有趣的问题来了，在那个时代拿着望远镜看月亮的人一定不止伽利略一人，为什么只有他推断出月亮上有山脉呢？是他的天文学知识更深厚吗？不是，同时期还有许多天文学家对宇宙也有着深厚的研究，例如英国天文学家托马斯·哈里奥特等。那么是因为别人的望远镜的镜片蹭到了面包上的黄油变得太模糊了吗？当然也不是。

真正的原因是认知的广度。除了天文学知识，伽利略对艺术也有着浓厚的兴趣。他会经常接触众多艺术家，如意大利画家洛多维科·奇戈利。经过长时间的耳濡目染，伽利略不仅具备了油画和素描的经验，而且接受过明暗对照绘画技巧的训练，即通过光影来突出物体的轮廓及细节。这些认知让他在看到月球上的那些模糊的明暗区域时，立刻意识到了它们意味着什么——阴影区域代表着在光的照射下被山脉挡住的部分，而阴影后面的明亮区域，是因为山脉足够高而捕捉到了太阳光线！

图6-3　月球表面[2]

可见，对于一个不相关领域的认知，帮助伽利略在天文学领域有了新的发现。

然而，伽利略并不是个例。

密歇根州立大学的生理学教授罗伯特·伯恩斯坦与另外14名来自医疗、公共事业、材料学等不同领域的专家共同完成了一项研究，以验证广泛的、与科研无关的认知是否对科研的创造力有促进作用。[3]

专家分析了1901—2005年510位诺贝尔奖得主以及几千位科学家的生平资料，记录他们是否在写作、音乐、手工、表演、绘画等领域有一定的认知。判断标准是：该科学家要么在资料中被明确地称为"画家""摄影师"等，要么接受过相关课程的培训，要么发表过相关作品或有表演经历（如果资料显示仅仅是有兴趣，则不算在内）。

在随后的统计中，专家发现，相对于其他普通的科学家，诺贝尔奖获得者，即在科研领域有着更高创造力的人，明显有着更为广泛的跨领域认知，如图 6-4 所示。

- 在写作领域（诗、剧本、小说等），诺贝尔奖获得者拥有相关认知的概率是普通科学家的 12 倍。
- 在手工领域（木工、机械装置、玻璃吹制等）是 7.5 倍。
- 在音乐领域（作曲、演奏、指挥等）是 2 倍。
- 在视觉艺术领域（油画、版画、雕刻等）是 7 倍。
- 在表演领域（表演、舞蹈、魔术等）是 22 倍。

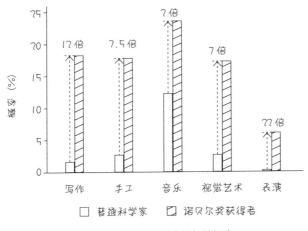

图 6-4　在特定领域有认知的概率

可见，广度带来了认知的升级。比这个发现更有意思的是，这个现象背后的原因是什么？为什么看似不相关的领域，却提升了科学家在原本领域的表现呢？

相通的底层认知

表面上看这些是完全不同的领域，实际上它们之间存在着相通性。跨领域的广度之所以会带来创造力，是因为各领域之间有相通的**底层认知**，即更加基本的且具有普遍性的认知。

尽管手工、写作、表演、音乐与科研是不同的领域，但科学家在那些非科研类领域开发出来的认知，与科研领域所需的认知有着相通性。那些认知既适用于 A 领域，也适用于 B 领域。例如：视觉想象能力（雕刻领域）、手眼协调能力（手工或视觉艺术领域）、文字沟通能力等同样可以激发科研领域的创造力。

比如，诺贝尔化学奖得主罗阿尔德·霍夫曼爱好写作，出版过诗集。他说道："我写诗的时候就是在洞察这个世界，并体会自身对于世界的反应。而科学的语言，作为建立在复杂环境下的一种自然语言，它就像诗一样。"

诺贝尔物理学奖得主亨利·肯德尔热爱海上救援，他说道："这些活动（海上救援）使我认识到了两个对于科学有帮助的技能：确保一个项目得到最终结论，以及确保项目的安全性。"

查尔斯·威尔逊因为发明了"云室"[①]获得了诺贝尔物理学奖。

———————

① 云室，即使水蒸气冷凝并形成云的设备，后来查尔斯为云室增设了拍摄带电粒子的功能，使其成为研究射线的重要仪器。

后来云室也以他的名字命名为"威尔逊云室"。他提到该发明的念头和他登山的爱好有关，因为在登山时他看到了山峰与日冕的美，便心想："我还想看，我想每时每刻都能看到！"随后他便展开了研究，最终在实验室里发明了云室。

一些更深入的研究确实验证了许多看似无关的领域与科研领域所需要的能力之间存在高度的相关性。[4] 例如摄影与图像思考能力之间，雕刻与动觉思维能力[①]之间，艺术收藏爱好与抽象思维能力之间等。

我们的目的并不是研究如何成为科学家或获得诺贝尔奖，而是想通过这些案例，探究认知的广度可以带来的化学反应。看似不同的领域之间相通的底层认知，可以帮我们在所关注的领域中得到精进或突破。

认知广度与视频

在我的视频作品被大家看到后，一些人开始问我那些有趣的创意和编排都是怎么来的。我想这可能和我以前的经历以及积累的认知广度有关，虽然它们在表面上并不相关。

内容

我在视频中讲的内容，一方面是我在培训中会涉及的，如讲课、解答疑问、辅导、研发新课等会持续为我输入内容；另一方面这些工作反过来也锻炼了我内容创作的能力。

---

① 动觉思维能力是指通过肢体动作进行思考，而不是看文字或图像。

音乐

在小学，我有幸被选进学校的一个小小的交响乐团，刚开始乐团只有 20 多人，那也是四面环山的小县城里唯一一个乐团。我学的是单簧管，每天清早和下午课外活动时我们都会排练。还记得刚开始练习时，其他同学都趴在排练教室的玻璃上取笑我，说我吹出的声音像驴叫，我当时就笑了，因为他们的描述极为准确。

在初中，我偶然看到了电视上有人弹吉他唱歌的画面，便开始自学吉他。当时我们小镇上根本买不到吉他这种"怪东西"，只能托老师从大城市去买。吉他的牌子我记得很清楚，是红棉牌。既然镇上没有吉他，那与吉他相关的书籍就更没有了，而且也没有互联网可以搜索吉他的弹法，所以我只能硬学。我记得家里每盘磁带里的歌曲，我不是按"首"听，而是按"句"听，一句听几十遍、上百遍，为的就是听出歌声背后的吉他旋律，然后在吉他上找出对应的音，就这样一句一句连起来，最终把一整首歌的弹法学会了。这可能是最低效的学吉他的方法了，但当时我也没有其他更好的办法。

说来惭愧，这两样乐器我都学得不怎么样。可是，这个学习过程培养出的乐感，帮助我在做视频时，可以快速选出合适的配乐，并把画面或表演的节奏与音乐节奏相匹配。

拍摄

我在大学毕业后疯狂迷上了摄影，比起拍摄风景或小动物，我更喜欢人文摄影。当时我在泰国，周末的时候经常一大早就背着相机出门，穿梭于曼谷的大街小巷，拍摄一切我认为美的瞬间，直到太阳落山。

那个时期我买了很多摄影画册，那些大师的构图总会让我思考：同样是拍一个人，为什么有时拍摄角度是仰视，有时是俯视？为什么非要去拍被墙挡住的半张脸，而不是正脸大特写？为什么重点人物被放在了照片的左下角？为什么拍两个人要一前一后而不是并排？

后来我还买了化学试剂在自己的"暗房"里冲洗黑白胶卷。有必要说明一下，我的"暗房"比较廉价，就是被窝。我在出租屋里，关了灯，然后拿着相机和试剂钻到被子里面进行冲洗，以至于我从来不会担心被子里会生虫子。

对摄影的爱好让我在看电影时的关注点也发生了变化，我开始关注导演的镜头和转场。例如：在《辛德勒的名单》里，集中营工地上的那个女孩被德军枪杀前，为什么要先从远处走到镜头跟前，当她被拉去枪毙时为什么镜头里又出现一位警卫在淡定地喝水？在《这个杀手不太冷》里，杀手执行完任务后，为什么下一个场景是去超市买牛奶，回家熨衣服、清洗植物叶子等镜头呢？这些镜头和摄影画册上的一样美，只不过摄影是静态的，电影则是动起来的摄影。

我的视频远远无法和那些专业的摄影或影视作品相提并论。但这些经历积累下来的认知，帮我大概理解了应该怎样运用简单的镜头，拍出比较流畅且有一定美感的画面。

表演

一些合作方和网友曾问我是不是学过表演，其实没有。我最早和表演沾边的记忆应该就是小时候在餐桌上，母亲经常一时兴起就放下筷子，要么唱上一段戏，要么跳上一段舞，而不是像父亲那样出一些关于酒精度数的数学题。现在回想起来，这对我产生了一定的影响，至少让我觉得表演是日常之事。

另外，舞台演出的经历帮助了我。比如：在小学的交响乐团时，我们会进行周期性的演出，尽管每次的观众很少；在中学我

小练习

依据前面所讲的认知"5 分钟原则"，测试一下你在哪几个点上有认知呢？

_____

_____

除了上述几点，还有哪些其他点你希望拓展并纳入自己的认知广度呢？是范畴内还是跨范畴的广度？

_____

_____

开始在舞台上弹唱，并偶尔给唱歌的老师伴舞；在大学我开始组建乐队，并参加一些社会演出；等等。

其实这些都是小舞台，而且其中不乏一些很失败的表演，例如有一次我的吉他琴弦完全走音，我在台上竟然没听出来。不过，这些经历至少让我不惧怕在镜头前表演。

上面的这些经历，我除了在视频内容上比较专业，在其他方面我都远远称不上专业。但是音乐、拍摄、表演等都和我现在做的视频有着相通的底层认知。虽然我的那些认知都很粗浅，但把它们组合起来，已经足以帮助我在三四个小时内，背对着一面 4 平方米的白墙，比较自如地完成构思、拍摄以及剪辑这些工作。拍摄视频所需要的元素，刚好来自我那些零散的爱好。

深度的"葡萄"

如果认知只有广度，那么在面对"为什么""到底是什么""那又怎么样"等更深一层的问题时，我们便无法更进一步。有时候我们对事物的认知更深一层才会有趣。

假设，一个人说他会一点儿摄影，你会觉得他有趣吗？应该不会有太大感觉。

要是他能解释出胶片照片与数码照片的区别，以及为什么马格南图片社[①]的一些摄影师，今天仍然在用胶片相机。这是不是就

---

① 马格南图片社是成立于法国的摄影经纪公司，发起人包括摄影大师亨利·卡蒂埃-布列松、罗伯特·卡帕等人，是摄影界最有影响力及知名度的经纪公司之一。

开始变得有点儿意思了？

倘若他进一步告诉你，其实PS[①]技术不是现在才有的，早在胶片摄影时代就已经有了，只不过那时不是在电脑或手机上处理照片，而是在暗房里用化学方式和物理方式处理。这里的认知与之前的"会一点儿摄影"相比，哪个更有趣不言而喻。

如果说认知广度是横向拓展的话，那么认知深度就是纵向挖掘。

什么是深度？

我认为挖掘认知深度有 5 种方向，可以总结为 G、R、A、P、E 这 5 个字母，也就是"葡萄"的英文单词"Grape"，因此我称之为"**葡萄原则**"，即我们以某一个认知作为起点，朝 5 个方向深入。让我们来一颗一颗地吃。

细度（Granule）

细度指对同一个事物的认知，你是不是了解得更细。比如大部分人都知道长城的位置、修建年代以及长度，而有的人了解得更细致。

---

① PS 是软件 Photoshop 的简称，指照片修改及美化。

石彬伦是一位美国人，他曾经是麦肯锡北京办公室的一名咨询顾问。1994年的春天，他和其他游客一样登上长城游玩。但与其他人不同的是，自那之后，他又去过长城400余次。

每到休息日，他便穿上登山鞋，戴上鹿皮手套以及用秋裤改的面罩，搭乘小客车后再步行去看长城，甚至有时他还会在山上过夜。他不只是为了看风景，还想尝试了解长城的每一个细节。后来他发现长城的细节实在太多，时间不够用，他就干脆辞职专门来研究长城。经费不够怎么办？他就向美国国家人文基金会申请资助。虽然申请失败了，但他还是专门飞到日本、美国，中国南部、中国台湾等地区的20多个图书馆查阅资料，然后再回到长城观察、验证。若干年后，他已经可以分辨哪个垛口是1615年之前建的，哪个箭窗是1615年之后建的，哪个门曾经被封过，以及某个残破石碑丢失的那部分上面原来写了什么文字等。后来他还和他的伙伴按照长城修建的时间，把他拍摄的大量照片进行排列，并在美国举办了多次展览。后来美国的《纽约客》杂志对他进行了专访，报道了这位对长城了解得如此精细的研究者。

石彬伦对长城的认知比大部分人要细致得多。对细度的追求，就好像我们拿了一个显微镜，去观察在事物的宏观表面下那些更为微观的东西。

对商业世界的认知也一样需要细度。在担任咨询顾问时，我经常需要为CEO分析他们公司所在市场的情况。我发现他们最

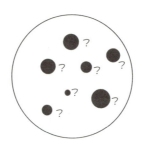

感兴趣的往往不是"这个市场很大"或"这个市场未来增速达30%",而是在大趋势下,某一个细分市场是不是更有潜力,或者该细分市场的需求和其他细分市场的需求有什么不同。具体来讲,细度是关于:

- **事物的构成**:如市场由哪些细分市场构成,木房子由哪些部件构成,长城都由哪些建筑构成,甚至一个完整的人格都由什么构成等。
- **事物的分类**:如挖掘机可以分为正铲挖掘机、反铲挖掘机,拉铲挖掘机、抓铲挖掘机,西装分为哪几类,药品分为哪几类,领导的风格又可以分为哪几类等。

客观世界呈现给每个人的都是一样的东西,但有趣的人往往会关注到更多的细节。

原因(Reason)

我喜欢咖啡,以前也一直以为自己还算了解咖啡。一次有位朋友来我家里做客，我给他做了一杯卡布奇诺咖啡，其实我主要是为了显摆自己在咖啡方面有多专业："来，给你做了一杯卡布奇诺。"我递给他，可没想到他问我："为什么卡布奇诺咖啡叫卡布奇诺呢？"我居然被问住了。对哦，为什么呢？

　　我只好说自己得先上个厕所，出来后再给他解释。随后我赶紧偷偷躲在厕所里用手机查这到底是为什么，原来"卡布奇诺"一词源自意大利圣方济教会①修道士的服饰——Cappuccino。后来人们发现在咖啡里混合牛奶，再加上一层尖尖的奶泡后很像该服饰，因此就给这种咖啡起名为"卡布奇诺"。

　　在了解了事物的表面之后，道出其背后的原因，是带来有趣的另外一种认知深度。

---

① 圣方济教会，创立于 1525 年，该教会的修道士穿着宽松的褐色长袍，头上戴一顶尖尖的帽子，意大利人给这种服饰起名为 Cappuccino。

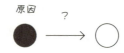

　　这好比所有人看到的晚霞是红色的，但能解释出这个现象背后的原因会更有趣。这种认知深度无处不在。例如：为什么水龙头的水流越往下越细，为什么我们在睡着后摔到大理石地上感觉不到疼痛，猫头鹰如何在黑暗中精准地扑住窜动的老鼠，家庭中的次子为什么一般都比长子更有冒险精神等。

　　当然对一个问题的深度探索，只问一个"为什么"往往是不够的，需要问 3 个甚至 10 个"为什么"。比如，当石彬伦发现修建长城往往是在春季时，便问自己为什么是春季。后来他发现这是因为匈奴往往在秋天发动袭击。那这又是为什么？为什么匈奴不在春天袭击呢？因为这和他们马匹的生长周期、弓弦的制作材料有关。这便是对原因的层层深挖。

　　许多有趣的人，都是带着这样的疑问和好奇去探索世界的。

抽象（Abstraction）

　　"抽象"这个词本身就很抽象，让我们先通过几个具体的例子来体会一下。

　　　　填空题：

　　　　1. 西红柿是蔬菜，西瓜是＿＿＿＿＿＿。

　　　　2. 公司的办公楼租金、员工工资、研发费用、营销费用、装点办公室的鲜花等费用都是公司的＿＿＿＿＿＿。

3. 狗尾巴草、兰花、小麦都属于＿＿＿＿。

4. 食蚜蝇是一种腹部有黄黑斑纹，还可以发出嗡嗡声的昆虫，它神气的样子看起来极像黄蜂或蜜蜂，但它们其实并无螫刺也不会叮咬，其外表只是用来保护自己的。而金斑蛱蝶（无毒）会把自己"打扮"成另一种蝶——金斑蝶的样子（大多有毒），也是为了保护自己。这种现象称为＿＿＿＿。

5. 如何证明北极有北极熊？只有我们自己或别人去过北极且见到了北极熊，才能证明，这在哲学中叫作"经验真理"；数学公式 1＋1＝2 则不同，它属于＿＿＿＿。

上面这几个填空处的答案是：

1. 水果

2. 成本

3. 单子叶植物

4. 贝氏拟态 ①

5. 必然真理 ②

我们填空的过程其实就是在寻找抽象概念的过程。对一个事物的深入认知，有时需要进入抽象层面，也就是提取本质性特征，才能回答这个事物到底是什么或属于什么，例如，事物属于什么类别（单子叶植物），是什么现象（贝氏拟态），叫作什么概念

---

① "贝氏拟态"是指一个无毒可食的物种在形态、行为等方面模拟一个有毒不可食的物种，从而获得安全上的好处。

② "必然真理"是哲学"认知论"中的一个概念，指无须经验就知道不可能为假，且无法想象为假的情况。

（必然真理）等。再比如一位优秀的培训师在讲沟通知识时，他不但需要能举出各种各样的例子，还应该能够说清楚哪个例子属于"结论先行"[①]，哪个例子属于"逻辑先行"[②]。

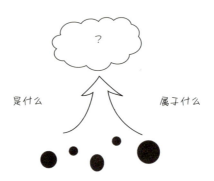

就好像一群小孩子在野外玩，妈妈喊"回家吃饭啦！"然后他们都跑回了自己的家，这里的"家"就是我们要找到的抽象概念。这是第三种认知深度。

过程（Process）

我们都知道青蛙是蝌蚪变成的，但是那只刚出生的可爱的小蝌蚪，怎么就在两三个月的时间里一步一步变成有着四条腿、两个大眼睛、披着翠绿外套的青蛙呢？这就需要对过程有认知。

世界的运转离不开过程。比如，如何在 30 分钟内做出一份美味的罗西尼牛排，一部电影究竟是如何在几个月或几年的时间里制作出来的，恐龙是如何灭亡的，人类的眼睛是如何演变为人体

---

① "结论先行"指先说结论，再说支撑结论的事实及逻辑。

② "逻辑先行"指先不说结论，而是先告诉对方思考逻辑，最后再表明结论。

最为精密的"光学仪器"的，一个商业市场是怎么演变到今天的，不同国家的文化是如何经过几百年慢慢形成的。

所有事情都是经历了若干个步骤，才从初始状态（生牛肉、剧本）到达结束状态（香喷喷的牛排、电影）。而我们的许多认知，往往只涉及初始状态与结束状态，缺少了过程。

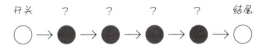

因此，一方面过程会让我们的认知与时间同步，因为宇宙中的每一刻都像是一张照片，例如对过程的认知可以让我们回到恐龙灭亡的那个时空，不漏掉每一时刻发生的事情；另一方面，过程让我们捕捉到事物有意思的细节，就好像一列火车有 10 000 节车厢，而且每节车厢都是不同的颜色，我们不想只看到车头和车尾，还想看到中间每一节车厢的颜色。过程也是有趣表达的一个关键要素（第七章）。

这个世界的美妙，一部分来自开头与结尾，还有一部分在中间。

影响（Effect）

前面 4 种挖掘深度的方向都是关于事物本身，影响则是从事物的结果或发展的角度来看：一个事物会给外界带来什么样的好处或坏处。例如：吃牛排对身体有什么好处，跑步对膝盖有什么影响，长城的修建对历史以及文化有哪些影响，冥想对人的身心有什么帮助等。

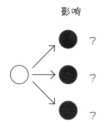

影响

当我们对一个事物的认知达到"影响"的深度时，才能够明白其存在的意义。比如某人在公司里辛辛苦苦做了一个项目，却没得到管理层的认可，原因可能有两层：一是事情本身层面，如员工态度不认真、项目拖延；二是影响或意义层面，即这个项目带来了什么，与管理层有什么关系，对公司业务有什么好处（例如品牌提升、市场份额、成本优势等）等并未说明。如果只是完成了事情，而没有让相关方感知到影响，则很难被认可。同理，我们推荐一款产品，称赞一个人，宣传一个理念，鼓励一种行为等，都需要点明其影响、意义。这便是认知深度的第五颗"葡萄"——影响。

在我们对一个事物的 5 个角度都有了足够的了解后，认知就会比大部分人更深一层或多一层。沃尔特·亨特就是个例子，作为一位有趣的人，他的认知深度在机械领域。

沃尔特·亨特是 19 世纪纽约一家工厂的机械师，他的生活十分窘迫，所以欠债就在所难免了。有一次为了还 15 美元的债，他开始研究一根 8 英寸（20.32 厘米）长的黄铜丝。做什么呢？他发现当时人们用的别针有一个存在了几百年的问题，那就是尖锐的针头是露在外面的，并不那么安全。于是他把铜丝的一端扭成弹簧一样的圆圈，并在另一端做了一个卡环，这样就可以通过弹簧把针头卡在卡环里。

1948 年，沃尔特凭这个安全别针申请到了专利。随后他以当时 400 美元的价格把这个专利卖给了一位叫威廉·格雷斯的爱尔兰人，之后他愉快地还了外债。而威廉·格雷斯之后靠着安全别针成立了"格雷斯公司"，并在后续的几年里挣了几百万美元。如今这家公司也已经是美国的商业巨头之一。

这只是他众多小发明中的一个。还有一次，沃尔特在路上看到马车轧伤了一位正在穿过马路的女孩，他发现当时的马车喇叭都必须用手按，而马车司机需要在车流拥挤时用双手握住缰绳。于是，他又发明了一个可以用脚控制的金属铃铛，同样，他申请了专利，并愉快地把专利卖了出去。

此外，他还发明过制钉机、磨刀器、砍树机、小型破冰船、缝纫机等。

能够把发明做得像捏泥人一样轻松，这背后的一个重要基础就是沃尔特对于机械应用的**深度认知**。例如：为什么那个东西不好用或有问题（原因），这个问题导致了什么（影响），那个东西都有哪些部件（细度），以及应该如何改进让其更好用（过程）。而当沃尔特可以在不同的应用场景、不同的器具上看到问题或机会时，他也一定看到了其中的共性原理（抽象）。这些认知不附着于某个具体的物件，因为它们可以贯穿任何机械或器具的工作原理。这就是深度认知的力量。

小练习

找一个你感兴趣的事物，然后基于"葡萄原则"尝试从细度、原因、抽象、过程、影响这 5 个角度挖掘对该事物的认知深度：

它的更细化的构成或分类是什么？（细度）

———————————————————————————————

它发生的原因或者来源是什么？（原因）

———————————————————————————————

它属于什么更普遍或更本质的概念？（抽象）

———————————————————————————————

它是如何形成的或如何发展而来的？（过程）

———————————————————————————————

它会带来什么结果或有什么效用？（影响）

———————————————————————————————

好玩的关联

当我们的认知有了广度和深度后，还可以把不同领域的认知关联起来，使其变为一种新的认知。

无处不在的关联

不同的事物之间总有一些抽象又美妙的关联。我们先看一个简单的例子，下面左右这两个字你认识吗？

丝　　　　山

我猜你肯定看出来了，这两个字是同一个字"丝"。可是，这两个字有很大的不同：左边的字是印刷体，右边的字是手写体；左边的字是正的，右边的字是歪的；左边的字小，右边的字大；左边的字笔画细，右边的字笔画粗。

但你仍然可以毫不犹豫地识别出它们是同一个字！这是因为，你从形状上判断出了它们之间具有高度的相似性。这就是在不同的事物之间发现了一种关联。尽管这个例子很简单，但它的本质可以说明一切事物间的关联。

再换个不那么直观的例子："数学"和"美"两者之间有关联吗？

比如我们画一个几何概念中的等边三角形。

然后把每一条边的中间 1/3 的部分删除，并朝三角形外部画两条同样 1/3 长的线，连成一个三角形的顶部。

重复这个步骤，每条边如下图所示。

继续重复下去，就是下面这样的过程。

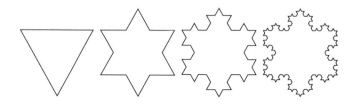

最终形成了图 6-5，像一朵雪花一样美，也叫"科赫雪花"（由瑞典数学家黑尔格·冯·科赫在 1904 年构造）。

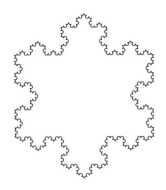

图6-5 科赫雪花

可见，数学也可以是美的，而且我们还看到了数学、自然、美三者之间的关联。

让我们再做一个更为抽象的假设：当你站在操场上，看到了一位让自己心动的人，心怦怦直跳！心率瞬间上升到了 120 次 / 分钟，即平均每秒跳两次。这时你发现操场上不只有你一个人，还有另外 219 个人，他们也看到了自己的心动对象，也和你一样心率骤增！此时，假设这 220 个人的心跳节奏互不重叠且匀速，那么当所有人把脉搏放在同一根弦上时，这根弦在脉搏的带动下每秒会震动 440 次，即 440 赫兹[①]。

这意味着什么呢？振动产生声音，按照振频与音乐中标准音高的关系，440 赫兹的振频是音乐中的 A4 音，即钢琴上第 49 个键的发音，也是贝多芬在《第六交响曲》中右手按下的第一个音符。可见，爱情、物理、音乐之间也存在关联。

---

① 每秒钟振动 1 次为 1 赫兹。——编者注

如果以上只是我无厘头的想象的话，那么开普勒是真正地通过科学发现音乐。这位德国天文学家、数学家在探索宇宙时，发现了行星运动与音乐之间的关联。[5] 他发现当太阳系中的行星在椭圆形的轨道上运行时，其公转速度在近日点和远日点是不同的，而且有着非常和谐的比例。例如地球在近日点和远日点的公转速度比约是 16:15，刚好是音乐中 F 调和 E 调对应的振频比例（我们有时会唱作"fa""mi"）。其他行星也同样有着有趣的比例。因此，当这些行星在太空中运行时，就像是一场宏大的音乐会。多么令人赞叹的洞察！

达·芬奇根据古罗马杰出的建筑家维特鲁威留下的比例学说，绘制出了著名画作《维特鲁威人》。在这幅画中，一个男子双手水平伸开时，与身体形成了一个正方形，而当他双腿张开，手臂上抬时，以头、手指、足为端点，又刚好连成一个圆形。此外，他的下巴到鼻尖的距离等于发际线到眉线的距离，又等于耳朵的长度，都是脸长的 1/3；发际线到下巴的距离是身高的 1/10；下巴到脑顶的距离是身高的 1/8；臂肘到指根的距离是身高的 1/5；还有画中并未标出来的等边三角形、等边五角形等。几何与美学的融合在这幅画作中得到了极致的体现。

世界万物之间的关联无处不在，遍及自然、艺术、科技、宗教、文学等领域。人类本来是非常善于关联的，不然我们也不会把香蕉、哈密瓜、猕猴桃归为水果，把相对论、电磁学、量子力学归为物理。但是在越来越多的关联被总结出来，越来越多的领域被定义之后，各个领域之间的壁垒反而逐渐成了认知前的一堵墙，隔断了我们发现其他微妙的、有趣的关联的视线。

当然，发现事物间的关联并不意味着要像开普勒或达·芬奇这些伟人那样探索宇宙或绘制出传世佳作，普通人在一些日常小事上也同样可以尝试把不同的认知进行关联。

我有一位姓汤的不吃辣椒的四川同学，他在毕业后从事期货投资。我很喜欢时不时地和老汤见面、吃饭、聊天，因为他比较喜欢买单。在一次碰面中，我们聊起了他的工作，我问了一个我关心许久的问题："你做投资做到财富自由的关键是什么？"

"运气。"他说道。

"你别谦虚啊！智商、心态等也很重要啊！"我说。

"我知道，但我认为在期货投资里，运气的成分占50%以上。"他说。

我们暂且不论50%这个比例是否正确，重要的是他随后说的："我研究了运气和几乎所有事情之间的关系，发现运气的占比各不相同。比如，运气在买彩票中占的比例是100%，但在下象棋中只占不到1%，在跑步比赛中占比也很低，但是在赌博中占比很高，在自媒体行业、保险行业就业，应聘主持人，找对象取得成功的占比分别是……"

他居然把生活中各种各样的事情和运气之间的关联梳理了出来，这是我从来没有思考过的。这也是一种有趣的关联。

交响乐与情商

有一天，深圳交响乐团联系到我，因为他们之前看到了我在视频里对音乐元素与非音乐知识的融合。沟通之后，我们决定做一次跨界尝试：一边是"交响乐"，一边是我的视频主题之———"情商"，通过把二者融合起来，探索它们之间的关联，并制成视频呈现出来。

这次创作比以往要复杂得多，因此我们花了两个月的时间准备。一方面在形式上，需要一边由乐团的乐手演奏，一边由我跟着音乐的旋律进行知识讲解，同时融入幽默的表演。这种"三合一"的形式在国内几乎找不到现成的参考。另一方面我要在 4 分钟内，通过古典音乐把一些典型的人物情绪表达出来，以及在面对别人不同的情绪时做出适当的回应。

终于，在一个周末的傍晚，在 300 米的高空音乐厅中，我们完成了这次融合：我们用德沃夏克第九交响曲《自新世界》第四章激昂的音乐来体现"怒"的情绪。伴随着激昂的音乐，我在表演中带着怒气大喊："谁偷吃了我的煎饼果子?!"

接下来我在视频中表示，对于怒，我们不能以怒制怒，那样只会激发更大的怒火，而是用温柔去化解。所以，接下来乐队换作用《自新世界》第二章悠扬的单簧管独奏来表达温柔。舒缓的音乐就像怒气对面一声轻柔的细语，最终化解了煎饼果子风波。

随后，我们用爱德华·埃尔加在求婚时写的《爱的致意》来演绎"爱"的情绪，用贝多芬的《第六交响曲》来讲解"喜悦"以及分享喜悦的重要性，用拉赫玛尼诺夫的《第二交响曲》来演绎和体会他人的"悲"。就像前文那个"心跳与音符"的例子一样，情绪与音乐本来都是心灵的震动。

虽然我们花费两个月只拍了一支视频，但它带给我的，也是我希望能够传递出去的，是一种世间原本就存在的美妙。它的意义远大于视频本身。

从左边和右边分别任选一词，然后尝试描述出它们之间的关联性。

| 水　撞击　食物　味道 | 思想　历史　银河　故事 |

多个切面

在认知层面，除了广度、深度以及不同事物之间的关联性，有时我们还需要看到事物的多面性和复杂性。就像钻石有 58 个切面，事物同样也有多个切面。这需要我们抽离到更高、更远的地方去重新审视，就如同从月球上看地球一样。

有趣的人，有时只是让我们看到了在认知层面被忽略的那一面。我总结了 6 组相互对立且具有普遍性的切面，可以用来检查我们是否看到了事物的多面性。

硬性与软性

这里的硬不是指法棍面包那种硬，软也不是指卤水豆腐那种软，而是事物在抽象属性上的两个层面。比如你去超市买红酒，看到有一款红酒在促销，打7折后便宜了30元，随后你买下了它。这时便是硬性因素——价格在发挥作用。但有研究发现还有一个因素也会影响人们的购买决策：当人们在超市听到法国音乐时，更可能会买下法国红酒，而当超市播放德国音乐时，德国红酒的销量更高。[6] 这时发挥作用的是软性因素——音乐对偏好的影响。

再比如，什么会影响一个人的幸福感呢？收入、房子、通勤时间等是偏硬性的因素，个人价值的实现、与人之间的关系、工作带来的成长等是软性因素。

因此，硬性因素往往是指我们可以数得清、看得见、摸得着的东西，它们像岩石一样有棱有角；软性因素则是指那些更加抽象、无形、虚幻的东西，它们往往关乎感觉、心灵，例如自信、尊严、羞耻、怜悯、恐惧、感动等，同样真实地存在并影响着我们。因此，在篮球场上，传出一个好球或者投篮得到两分是对球队硬性的帮助，当球星以赛亚·托马斯跟腱受伤却带伤上阵时，他对球员精神上的鼓舞是无法衡量的软性因素。当一个人哭泣时，用硬性因素可以解释为：他的泪腺的分泌量增加了，导致压力超过了表面张力，软性因素则可能是他心中的一丝怀念。

　　我记得有一次给一个学员进行一对一辅导，她的困惑是：不知应该如何向上沟通，处理好自己与老板之间的关系。
　　我通过了解他们之间沟通的场景和遇到的问题，提出了许多关于沟通技巧和原则方面的建议。临到结束，我随口感叹了一句："我觉得你老板也真是够奇葩的！"
　　没想到她竟然长出一口气，说道："朱老师，这是你今天说的让我最舒服的一句话。看来不只是我有问题。"

这时，我才突然意识到自己在工作中的一个疏忽：尽管我给了她很多方法性的东西，但她真正需要的可能是一种对她在这个事件中的理解与肯定。在这个例子中，方法、技巧等都是硬性的，她可以拿来当工具一样使用；我对她的理解与肯定是软性的，带给她的是内心的安慰。

内部与外部
　　每个事物都可以从内部和外部两个角度来看。
　　打个比方，买车时有人在乎的是乘坐的舒适性（内部角度），而有人更在乎外观（外部角度）；我们做一件事情是为了内在的满足感（内部角度），还是为了赢得他人的喝彩（外部角度）；当很多人在某个行业或项目上获得成功之后，我们会认为该行业和项目很有吸引力（外部角度），但我们自身能力是否与之匹配呢（内部角度）？成功需要同时具备外部机会和内部条件。那些成功的企业，除了自身的核心竞争力以及卓越的管理，无一不是因为把握住了正确的时机。还有更微妙的情况，例如我们总是在不自知的情况下，倾向于把取得的成就归结于自身的能力或努力，却把失败归结于外部因素，如时间、环境等客观条件[1]，这里也只是看到了单一的切面。

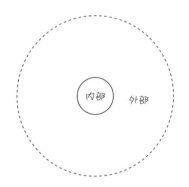

内部更多是关于欲望、驱动、能力、感受等，而外部更多是关于环境、趋势、合作伙伴、竞争、客户等。它们之间会相互提醒，譬如内部的害怕情绪会提醒我们向外寻找支持，而不是自己硬扛；外部的反馈，例如合作伙伴的态度，会提醒我们向内寻找自己的原因。

---

[1] 这种情况也叫作"归因偏差"。

内部与外部视角的切换，就好像海底的一艘潜水艇，向内看是封闭的仓室，向外要面对大海与海龟。

直接与间接

　　如果在一次工作汇报中，一位销售人员说："我今年的工作成果是 100 万元的销售额。"

　　这个数字仅仅是最直接的成果。

　　如果我是老板，我会继续问："仅此而已吗？"

　　老板不一定是嫌这个数字小，而是在问还有什么间接成果，即这 100 万元带来了什么其他价值。

　　如果该员工说："在这些已成交的客户中，有两家是这个行业的龙头企业，因此我把它们作为我们的标杆客户案例放在以后的投标中，这样会间接提升我们公司在其他客户心目中的专业度，公司明年的业务拓展会更容易。"

　　这里说的就是间接成果。

在我遇到的职场案例中，有不少学员的认知只停留在了事物的直接成果层面。

当某个行为或事件直接触发了一个后果时（例如销售额），这个后果会进一步带来其他效应，即间接后果（例如未来业务拓展）。这就好像我们往水里丢了一颗石子，会激起涟漪，这是直接结果；但涟漪还会慢慢扩大，直到惊动了正在岸边午休的那只癞蛤蟆，这是间接结果。在超市不小心把货架上的巧克力碰到地上摔碎了，最后买下了它，这是直接结果；因为吃了这块甜甜的巧克力，当天的工作效率极高无比，这便是间接结果。一次成功、一次失误、一个微笑、一次握手都会造成间接结果。

　　基于对这两个切面的认知，我们需要做的就是"多想一步"，即这个直接的效果或影响又带来了什么。

顶层与基层

　　你有没有听到过类似的话？

　　公司领导说："大家好好干！我们一起把公司做大！"

　　但是有多少员工会被这句话激励到呢？这句话仅仅提到了问题的顶层——公司和股东的利益。但公司做大和员工有什么实质性关系，这对于员工更为关心的职业发展、奖金等意味着什么，是需要从基层思考的问题。

　　当然，有时我们也需要反过来——从基层到顶层思考。我记得曾经有一位学员问，为什么感觉自己做了很多事情，但总是无法打动老板。然后我问他："你知道你老板的 KPI 吗？"

　　他被问住了，因为他并不知道老板的 KPI 是什么。他的思维停留在基层，即员工只需把手头的事情做好。但如果从顶层出发的话，他应该思考：我做的这些事对老板来讲是最重要的吗？这让老板意识到了我对他的重要性了吗？

其他问题也是一样。比如我们做一个项目，具体任务、完成时间、所需时间及预算等，这是从基层角度的思考；项目的方向对不对，以及能否实现预期的价值，则是从顶层角度的思考。

因此，基层代表着从一个组织或团队的基层人员的角度思考问题，例如他们的诉求、利益，同时基层也代表着更具操作性、细节性的事情；顶层则需要从一个组织的管理者、责任人的角度来思考问题，这关乎的是整体的目标、决定性的方向等。而身处某一层的人往往容易忽略另外一层。

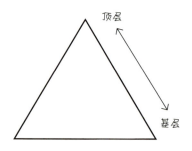

所以，如果你的思维在"一楼"，那么需要有能力跳到"楼顶"看问题；如果你高居"楼顶"，也需要时常回到"一楼"进行思考。

近期与远期

我一直相信假如时间可以被无限压缩，那么当下的动作在下一秒就会得到反馈，可时间偏偏让我们按它的节奏去感受事物的发展。

近期与远期这一对"切面"是指在时间维度上看到事物的不

同状态或影响。

好比喝一杯可乐对我们身体造成的影响，取决于我们是从当下看还是从未来看。当下可乐带给我们的是爽快的感觉（近期），但这种感觉并不会持续到第二天（远期）。

在个人发展方面，学习沟通能力并不会在第二天就带来收入的翻倍或事业的攀升（近期），因为它的效果可能在若干年之后才会逐渐凸显（远期）。

在企业发展方面，公司为提高产品销量决定打折促销，并把资源都倾斜到营销推广上，吸引客户纷纷下单，最终公司当年的业绩超额完成（近期）。但到了第二年，该公司发现这个产品已经满足不了客户新的需求，而竞争对手早在一年前便开始研发更符合市场的新产品，这导致该公司最终被客户抛弃（远期）。

因此，一方面在近期视角下，我们要看到当下的益处、机遇和要做的事；另一方面在远期视角下，我们需要看到未来的发展状态以及为未来需要做的准备或牺牲。

正面与负面

还记得第二章那个例子吗？同样被扔西红柿，"我怎么这么倒霉"就是偏负面的解读，"他一定是在向长得好看的人示好"则是正面的诠释。患有脑瘫的梅逊·扎伊德从自己的劣势与不幸中看到了超市给予残疾人专属停车位的福利，这也是对事物的正面解读。

任何事情都有正面和负面。失去的同时必有得到；病痛的正面意义是提醒我们要爱护自己；被公司辞退的正面意义可能是逼迫自己迈出一步，去找到更适合的工作；被人欺骗的正面意义是提醒自己以后要多加一层防护，以避免更大的损失。

如果我们把正面比喻为海面之上，把负面比喻为海面之下的话，那么在正负两者间的转换则需要我们能够像海豚一样，既能潜入至暗的深海，也能轻松跃出水面。

我记得在我做咨询顾问的第三年，有一次出差途中发生了一个插曲。那天我上了飞机后，颈椎突然彻底不能动弹，同时伴随着剧烈的疼痛。后来我去医院做了检查才发现是严重的颈椎病，第四、五节椎关节突出，压迫了胳膊的神经，这是因为长时间在高压下低头工作。就这样，我在床上躺了一个月并接受了各种治疗：中医、西医，内服、外用，红外线理疗、器械训练等都体验了一遍。

这在当时看来显然是一个负面的事情，但现在看来，它有着

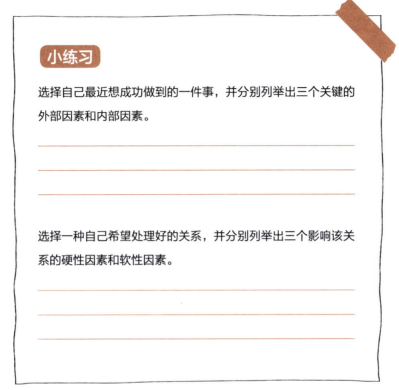

小练习

选择自己最近想成功做到的一件事，并分别列举出三个关键的外部因素和内部因素。

_____

_____

_____

选择一种自己希望处理好的关系，并分别列举出三个影响该关系的硬性因素和软性因素。

_____

_____

_____

巨大的正面意义。因为在床上的那些日子，让我在不停地工作之后，第一次有时间静下来审视自己：这样高强度工作到底是为了什么？对于自己重要的事情到底是什么？要继续这样吗？这也间接促使我在一年后从麦肯锡辞职，寻找新的体验与机会。

第一章提到的特雷弗，可以把日常的一件小事，哪怕是倒霉的事情讲得如此轻松有趣。下面让我们看看在他的生长环境中他的母亲是如何切换视角的。[7]

　　特雷弗的母亲曾经中过枪，而且子弹是从后脑打进，从脸部穿出。当特雷弗赶到重症监护室，等着注射了镇静剂的母亲醒过来时，他看着母亲哭了起来，母亲却说："你要看到好的一面。"

　　他惊讶地问母亲被子弹击中还有什么好的一面，他的母亲说："从现在起，你就正式成了这个家里最好看的人。"

　　就像本章开头说的那样，多角度的认知不一定会直接带来有趣的言行，但可以丰富我们的视角，就像佐料一样，在合适的场景撒入合适的那一味，最终"烹饪"出独到的有趣。

　　获取认知的途径有很多，例如：自己阅读，听别人讲，观察身边发生的事等。但不同的途径给我们的认知带来的冲击程度是不同的。有的认知只停留在"知道"的层面，如一个人"知道"回报往往需要等待，但这不代表他真的愿意等待；一个人"知道"要多陪伴父母，但这也不代表他真的会放弃一些事情，增加陪伴父母的时间。有的认知上升到了"应用"层面，比如：如果老板有要求，那我"可以"对问题进行深入研究，但这并不代表这是你的习惯或价值观；一个人炒股赚了一笔后"可以"收手，不再追求更大的回报，但他仍然心有不甘，心想我为什么不再多持有一段时间呢？因为他并不真正相信，少得到一些换来的平静，要比追求更多带来的忙碌更珍贵，即"可以做"不代表认知深入了一个人的信念。而深刻的认知会深入我们内心，融入我们的习惯。

我认为，要形成深刻的认知，只有自己去经历。

认知需要经历

我以前走的路一直还算顺，也很规矩。我出生在小县城，通过高考来到大城市读书、工作，再读书、再工作。到了30岁，我靠着打工拿到了人生第一笔7位数的年收入，这让我一度非常自满。

但后来的经历，和我开了个大大的玩笑。打工几年后，我开始对创业蠢蠢欲动。我希望自己的时间以及工作方式可以更自由，并找到自己真正喜欢做的事情。于是辞职后，我便信心满满地准备创业——新材料工业品项目。我自认为凭借着自己对市场精准的分析应该可以马上捞到一大桶金。在辞职那天，我就开始苦恼挣钱后，我应该如何分配我的巨额资产。

项目初期确实很顺利，并且按照计划我和合伙人联系到了全球若干个合作厂家，最终敲定了与韩国企业的合作，因为他们有技术且成本低。于是我们飞去首尔签合同，吃烤牛肉，并在汉江的船上一起畅想着巨资分配的问题。

产品上市一个月后，销量是 0。"没关系，时机未到。"我这样告诉自己。

两三个月过去了，销量还是 0。这时我的信心有一点点动摇，但是还好，因为我的积蓄还够，可以再坚持一阵。

可是一年快过去了，公司的那点微薄收入连成本都不够，而我的积蓄也几乎花光了。

但天无绝人之路，我意识到公司业务无法快速带来收入后，便开始尝试进行投资。我瞄准了国际黄金期货，因为它来钱"快"——投资杠杆是 100 倍，也就是说，投 1 美元，如果赚了，就赚 100 美元，反之，赔也是赔 100 美元。我买了《日本蜡烛图技术》《期货市场技术分析》等书，通读之后便使用剩余的积蓄开始操作。

那叫一个刺激！第一个星期我发现自己原来是个投资天才，居然每次都踩到了点上，我买涨，市场就涨，我买跌，市场就跌。记得有一个晚上，正值黄金期货市场大波动，眼看着我的资金就翻了 20 多倍，我庆幸地告诉自己原来还有这么容易就可以赚到钱的事业。就这样在短短不到一个月的时间里，我不但把创业期间的投入赚了回来，还额外捞了一大笔钱。

可真正"刺激"的还没到来。由于自己越来越有信心，投进去的资金也越来越多，在又一个我期待着收获 20 倍回报的晚上，市场的走势突然朝着和我预期完全相反的方向走去，我买涨，市场就跌。这倒也不可怕，因为以前也发生过类似的情况。可怕的是，市场在断崖式下跌！

跌到什么程度呢？不到 10 秒的工夫，我先前赚到的 50%
就已经消失了。

在接下来我期望市场能有好转的一个小时的时间里，我
所有的盈利全部跌没了。此时，市场就像在和我作对一样，
还在继续下跌，眼看着我的本金也要没了。为了不爆仓①，我
只能再往账户里存入资金。那天晚上我一直都处在高度慌乱
中，一夜没睡。到了第二天早上，看着还在下跌的曲线，我
面临两个选择：（1）认了，不论赔多少，清仓退出；（2）尝
试挽回，但需要继续补入资金。

不愿意接受现实的我选择了第二种办法。但公司运转需
要资金，生活需要资金，期货还要补资金，没有钱怎么办？
只好借。

我人生第一次张口和朋友借钱，同时我还从我的 6 张信
用卡里提现，从 A 卡取钱还 B 卡，B 卡还上之后再取钱还 C

---

① 爆仓：本金不够时系统自动停止交易。

卡，就这样狼狈地坚持着，直到我的黄金期货账户再也撑不住爆仓了。我清醒过来后算了一下，短短一个月的时间，我的个人账户金额就从正的 7 位数变成了负的 7 位数，而且第一位数字不是"1"。

记得后来有一天我到外地出差住酒店，拿出一张信用卡给服务员时，服务员说："先生，您这张卡信用额度不足，能换一张吗？"

我又换了一张给他，他又说："先生，这张卡的信用额度也不足。"

我把身上所有的 6 张卡都给了他去试，却没有任何一张卡的剩余信用额度够付几百块的房费。原来额度都被我用光了。服务员看着我，很少紧张的我居然手开始冒汗，甚至发抖。眼看就要落到没地方住的地步，我最后只能打电话给老妈，让她给我转了 1 000 元。

这个经历就像是一记重重的上勾拳，砸在了我的脸上。只不过我没有被打晕，而是清醒了。它让我真正意识到，你所拥有的，可能并不是你的，因为那些都可以在短短几天甚至几秒内消失殆尽。这次经历彻底改变了我对金钱的看法——金钱可以是面包，也可以是魔鬼。这是我从书本上、培训中完全无法学到的认知深度。现在它已经融入我的血液，影响着我今后的每一个举动、每一次决策。

那么这和有趣有什么关系呢？它让我内心的场域更加宽阔，关于金钱，甚至关于任何形式的"得到"与"失去"，它们在这个场域中都变得更轻了，而我对它们的态度也变得更加轻松、淡然。别人可以尽情嘲笑我，而我也可以拿这个话题作为笑话讲给别人听，这都已经无所谓了，因为这个经历已经变成了我的一部分，我已经像接受自己的双脚一样接受了它。凡此种种就像我们的血肉一般，成就了此时此刻的我们。

　　认知需要经历，经历需要厚度。"趣"字的左边是"走"，右边是"取"，边经历，边获得。只不过我认为，经历的厚度最好有两层，一层是正向的厚度，关乎光环、成功、快乐、收获等；另一层是负向的厚度，关乎负担、失败、痛苦、失去等。这样的经历才更贴近实际生活，它带来的认知才更为扎实。

作为一家卖鸡肉的公司，
我们没有鸡肉了。

7

表达

有了内在系统作为树根，认知作为树干，让我们来到树冠的一侧——表达。这项我们从一岁时便开始运用的技能，渗透到我们生活的方方面面。在餐桌上、教室里，生日会、联欢会，写情书、求婚、面试、总结工作，和朋友的闲聊、和客户的谈判，教育子女、安慰父母等场景中，我们都在通过语言表达来传递信息，明确意图，交换情感与思想。

那么，是什么可以让一个人的表达更有趣呢？为什么特雷弗可以把一个小故事讲得如此有意思？为什么有的人一张嘴就会让人笑出声来，而有的人的表达让人昏昏欲睡？有趣表达的密码又是什么？

我认为表达的有趣性来自4个要素：呈现的态度，表达的内容，进程的节奏，以及表达的角度。

图 7-1　有趣表达的 4 个要素

轻松的调侃

当一个人只想展示自己包装过的一面，而不愿意敞开和放低自己时，这种绷着的状态很难让别人放松下来，他也很难变得有趣。在许多有趣的表达中，我们都能够看到一些带着轻松态度的调侃。

自嘲

自嘲是本章最难也是最容易的一个技巧。难是因为我们需要破除第五章提到的内心障碍，例如：不能暴露缺点，因为别人会笑话我；容易是因为自嘲并不需要太多的语言修饰。

　　如果你是一个作家，当有评论家称赞你的语言简洁时，你会如何回应呢？会说"谢谢"还是"我喜欢这样的风格"，

"我认为简洁可以让语言有力"等？

作家余华①面对这样的称赞时，他回应："那是因为我认识的字少。""认识的字少"本是一个弱项②，他却拿出来调侃。

再比如，美国前总统乔治·W.布什有一个人尽皆知的"污点"，那就是他在学校的学习成绩并不理想，许多课程的成绩都是C③，而且没有任何一门达到过A，其中天文学成绩还是D，刚刚及格。所以他的学习成绩时常被媒体拿来当作笑柄，连维基百科中的人物介绍都称他为"C学生"。

然而多年后，在耶鲁大学的毕业典礼上，作为发言人的布什这样说道："祝贺2001届的同学。那些得到荣誉、绩优的同学，干得棒！那些成绩只得到C的同学……"布什在现场的发音强调了"C"，并刻意停顿了一下，此时台下已经有学生反应过来并开始笑了。

他接着说道："我想对你们（得到C的同学）说，你们也可以成为美国总统。"台下的同学顿时大笑并报以雷鸣般的掌声。一个"也"字让所有人意识到了这位总统的在校成绩只有C。

此时"C学生"已经不再是一件难堪的往事，这位总统的成绩到底如何，智商如何，政绩如何在那一刻都已经不重要了，因为自

---

① 余华：中国当代作家，著有《活着》《兄弟》等小说。

② 余华只读完了中学。

③ 在美国学校，成绩A+为最高分，随后是A、B、C、D，依次往下，C意味着没有进入班级前70%，D仅相当于及格。

嘲已经让大家觉得台上这个人是如此平常，和自己是如此相像，就像自己班里的一员。当总统把自己放低后，他的形象瞬间变得亲近。

自嘲除了可以拉近距离，有时也可以用来化解危机。

2018 年，由于肯德基（KFC）新更换的物流供应商在运营方面的问题，其在全英国的连锁店一度缺少盐、番茄酱等调味料。更严重的是，这家以鸡肉起家并命名的餐饮连锁店，连鸡肉都没了。

全国各个店铺里都有无数客户抱怨：

"盐呢？"

"没番茄酱怎么吃薯条？"

"我要吃鸡翅！"

这导致 KFC 不得不关闭了 900 多家连锁店，随后几天内关于 KFC 的负面媒体报道铺天盖地，公司面临着空前的危机。

但是，KFC 并没有选择补救形象，为自己说好话，而是选择直面尴尬。KFC 做了一个大胆的广告——在各大主流报纸上刊登了一张其主打产品全家桶的照片，并在全家桶上印上了"FCK"，表示抱怨，而非其商标"KFC"。"FCK"下面的文字是：

对不起，

作为一家卖鸡肉的公司，我们没有鸡肉了，这太尴尬了。

图 7-2　KFC 的广告图片

这段话后面还有几句话表示食品供应正在恢复中。

这个广告带来的效果出乎所有人的预料，各大媒体讨论的重心已经不是 KFC 的负面问题了，而是这则带有自嘲色彩的广告多么有趣。

最终，单单这一条广告在纸质媒体、电视媒体、网络媒体上一共触达 10 亿的用户 [1]，而且基于当时 KFC 的品牌指数 [①] 数据，

①　品牌指数，指第三方品牌监测系统长期跟踪品牌的曝光度、消费者印象值等得出的指标。

消费者的关注度①在这则广告之前是 7%，广告之后上升到了 29%，且消费者对品牌的印象值打分比一年前更高。

这个例子其实在本质上和余华、布什的自嘲都是相通的，包括前面章节中的特雷弗说自己晚上怕黑，凯文说自己个子矮，微微说自己的身材一个顶俩等。自嘲不但不会真的让人们把自己看低，反而会给别人留下一种积极的印象。

为什么能够自嘲的人会让我们有积极的感觉呢？那是因为他们透露出来的是一种真实。他们没有试图伪装自己，而是选择坦白，并且是非常纯粹的坦白。就像"没有鸡肉了"这句话，没有经过任何语言雕琢或者情绪的过滤，它是如此简单。**自嘲让我们看到了说出别人不敢说的话的勇敢，而这样的人是如此稀有。**

当然，并不是任何自我贬低都会带来有趣。比如公司团队里的新人说他的业务能力比较差，这时没有人会觉得他有趣，只会感到诧异，甚至是担忧；再比如，朋友谈论去 KTV 唱歌，一个人只是说自己五音不全，也不会让人觉得有趣。这是为什么呢？

我认为成功的自嘲有两个关键。

首先，自嘲的内容得是**轻松的话题**，不会给别人带来任何实际利益的损失或情感的困扰，即拿出来调侃并无大碍。"业务能力差"在团队中根本不是一个轻松的话题，因为它会直接影响团队协作或团队表现。

其次，自嘲需要建立在**反差**之上。通过前后对比产生反差，这样才会有趣。具体来说，反差有两种。

---

① 消费者关注度，指在一段时间内通过各种媒介注意到了某品牌的消费者占比。

- 身份反差：是指一个人自嘲的内容与他的身份不一致。余华所说的"我认识的字少"和他的作家身份形成反差。布什的成绩"C"也与他的总统身份形成了反差。
- 特点反差：微微拿身材自嘲就属于特点反差，即人们本以为某个特点带来的是 A，这个人却把那个特点关联到了和 A 完全不同的 B。人们本以为微微的身材会成为她的负担，却没想到被她当成了一个利器。

这两种反差略有区别。前者是一个人从自己的固有身份中跳出来，揭露和身份不相符的某个点，后者是基于某一个特点从大家看到的 A 面横向转移到 B 面。

要实现身份反差，可以借助身份切换（第五章），即摆脱身份对我们的束缚（例如从总统到普通学生），认识到有些特点（可以自嘲的点）对于某种身份是多么微不足道；特点反差则需要我们切换看问题的视角（第六章），看到我们自嘲的那个特点的其他切面。

但不论是哪一种反差，都需要我们对自己进行充分的接纳。当我们把自己那些所谓的缺点，赤裸裸地摊开来给别人看时，人们反而不会那么认真了。

自夸

有一次，我去女儿学校参加一个春季朗诵活动，看到她的同学小瑞（化名）穿着一件带有白色斑纹的红色连衣裙，用一个精致的发卡把金黄色的卷发扎了起来，和平时随意的装扮完全不同，显得格外漂亮。

我便说："嘿！小瑞，你今天真漂亮！"

没想到小瑞笑着说道："是的，我知道呀！"

听到这样的回应，在场的好几位家长都笑了。她居然没有谦虚，而是毫不避讳别人对自己的称赞。然而在我们长大后，这种态度变得越来越少。所以除了自嘲，另一种自我调侃便是自夸。

自夸和自嘲看起来完全相反，自夸是往上扬，自嘲是往下贬，但是对于有趣的表达，两者是相通的，都是一种轻松的态度，都有那种像小孩子一样的没有"滤纸"的纯粹。（还记得第五章提到的"唤醒童真"吗？）这里的自夸并不是指盲目自大，那只会让人厌烦，轻松善意的自夸才会带来好感。

记得有一次我给一家丹麦啤酒公司的学员讲授关于数据

思维的课程，最后的环节是每个小组基于我设计的商业场景，来做一些数据分析并上台呈现分析结果，最后由我来进行评估。

最后上台的一位学员代表让我印象极为深刻，他说道："我之所以选择最后一个上来，是因为担心如果我先讲的话，后面的其他小组就不好意思上来讲了。"

听完这句话，所有人开始哄堂大笑，甚至有人把纸团扔了过去。

他后来的呈现其实并没有比其他人更出彩，但是他当时的自夸并没有招来任何人的厌恶或不满。这是为什么呢？原因很明显，因为他的态度十分轻松，他完全明白自己并没有比别人更好，而且台下的人也知道他明白。因此，双方都清楚地意识到这只是一种并不严肃的调侃。**自夸的有趣不是来自一种高于别人的优越感，反而是敢于把自己变成别人嘲笑的对象——你这么普通，居然还敢夸口。**这种嘲笑，一方面释放出了一种亲密的信号——我们之间可以这样开玩笑却不会产生误解，另一方面也是一种钦佩——它让人们发现自己嘲笑的对象居然敢于如此表达。

金·凯瑞作为好莱坞喜剧演员出演过30多部电影，包括《楚门的世界》等经典电影。在英国电影和电视艺术学院大不列颠奖颁奖典礼上，"查理·卓别林大不列颠喜剧杰出奖"颁发给了金·凯瑞，以表彰他在喜剧上的杰出表现。

金·凯瑞上台发言时说道："非常感谢。这非常令人信服

（指自己获奖）。我都快忘记了，自己原来这么伟大！"

此时，台下的一众明星不仅爆发出了笑声，还不断尖叫与欢呼。

除此之外，我还看到当时台下人们眼神中的佩服。这种佩服不仅是对金·凯瑞的获奖，更多是对他所说的话，因为台下许多人可能都有过类似的想法，例如："我应该得奖"，"我真棒"，等等。但是，没有人敢把心里话说出来，因为这可能显得不太成熟，或不够谦虚。当一个人可以把这些担心真正放下，不怕失去时，他反而有勇气说出来。所以，金·凯瑞的发言让人们感到一种对自己内心所顾虑之事的释放。

为内容上色

有趣的表达在内容上往往不会那么苍白，而是有一些巧妙的点缀，就像在第二章提到的泡泡机。

无厘头的比喻

有一次普华永道公司（PWC）邀请我，希望我联合他们的几位合伙人一起做一场直播，为职场的朋友分享关于职业选择的一些经验。在直播的最后有一个抽奖环节，我们让网友在直播间打出他们在那天印象比较深的词语，然后截屏选取顶部的用户作为获奖者。

当我们喊开始后，只见屏幕上出现了一堆"小桥"。

我还问身边的人："'小桥'是怎么回事？"

他们说："这是你在直播里说的啊！"

我这才回想起来，当时我讲到一个观点：在做职业转换时其实是可以跨领域的，只不过需要让面试官看到自己在第一份工作中积累的一些经验如何能够为第二份工作所用，这就像在两份工作之间搭一座小桥。

在两个小时的直播中，我们说了上万个词，没想到大家偏偏对这个词的印象如此深刻。

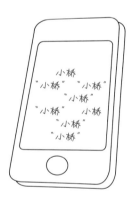

这应该就是比喻的魅力。如果只说"让第一份工作中的一些经验或积累能够为第二份工作所用"，那么这就是一个非常抽象的、冷冰冰的、不会激发任何情绪的描述。但如果关联到小桥上，就很容易让大家的脑海里产生一个生动具体的画面。而且小桥还是一个有温度的东西，人们可以关联到自己过往的经历，或是儿时每天上学经过的小桥，或是曾经最爱的小吃所在的小桥，或是自己发生初吻的小桥等。

我们无法确保所讲的每一个事物本身都是有趣的，然而可以通过关联其他事物，给别人一个新的视角去理解，同时增加表达的有趣性。

比喻的英文 metaphor 源自古希腊语中的 meta[①] 和 phorein[②]，其中 meta 的意思是"之后""超越"，phorein 是"传送、传播"的意思。因此，metaphor 意味着超越了一个事物原有的意义，或者传递了新的意义。

这样的例子比比皆是。例如：猫王埃尔维斯·普雷斯利在歌曲《全身是劲》(*All Shook Up*)中用火山来比喻女人的嘴唇，莎士比亚把会被花言巧语哄骗的人比喻成太阳下的黄油，钱钟书在《围城》中把情欲比喻为按下去又会起来的不倒翁，王小波在《红拂夜奔》中把人的官腔脸比喻成水牛的臀部等。

不过，倘若我问你"反思就像偏置曲柄滑块装置"[③]，"勇气就像是砖头"这两个比喻怎么样，你一定会想：这是什么玩意儿？因为这里的比喻既没有巧妙地帮助我们理解，也没有让我们觉得好玩。

那么如何让比喻有趣一些呢？除了在我们想要突出的特点上一定要有关联（比喻的基本条件），我认为还可以参考三个原则。

熟知物：喻体，即我们要说明的事物（例如火山）应该是人

---

① 希腊语为 μετά。
② 希腊语为 φέρω。
③ 机械设计术语。

们所熟知的。不仅如此，它的特点也应该是人们所熟知的（例如热）。只有这样，才能帮助人们更轻松地理解我们表达的内容，进而达到建立已知事物和未知事物之间关联的目的。如果用来比喻的事物本身就很难理解，就需要另外一层解释，或另外一种比喻。

生命物：有生命的事物才有活力，才会激发情绪。这里是指广义的生命物，即任何看似有生命的或能够动的事物。例如，可爱的动物（前文中的水牛、小蝌蚪）、植物、自然现象（前文中的火山、流星雨），甚至儿时的玩具（碰碰车）等，都可以增加有趣性。

无厘头：有时仅仅是生命物带来的有趣程度还不够，这时候就可以让比喻再无厘头、再荒诞一点儿，也就是表面上看似不太合理，但仔细品味后发现确实有相关性，且足以说明问题。比如，我的一个视频内容主题是"说话要有味道"，即说话要耐人寻味，而我在视频里面就故意以"榴莲"做类比，因为许多人认为榴莲不太好闻。不过这种荒诞并不影响大家理解，同时还让大家在笑

图 7-3　有趣比喻的三个原则

小练习

尝试为下面的事物找几个有趣的比喻：

正在生气的人

_____

_____

_____

脑子里冒出的一个好想法

_____

_____

_____

因果关联

_____

_____

_____

声中记住了视频要传达的重点。在关联性不受影响的前提下，越无厘头，越会引发人们的好奇与思考。我的视频里运用了大量无厘头的比喻，例如当我在讲解"说服技巧""情商原则""思维模型"等概念时，会借用"大灰狼""火锅串串""硬硬的馒头"等看似不相关的事物，而这些也是网友津津乐道的话题。

夸张的渲染

让我们做一个对比：假设你朋友在成都吃了一次地道的火锅，你问他辣不辣，以下哪种说法更有趣呢？

- A：辣！
- B：辣！整个舌头都火辣辣的。
- C：辣！辣得我当时简直想把自己的舌头给扔掉。

显然 C 更有趣。A 是平铺直叙式的表达，B 在 A 的基础之上加入了一点渲染，而 C 进行了更为夸张的渲染，因此也最为有趣。这就是有趣的表达和普通的表达之间的区别，即在平实、直白的内容基础之上加入更鲜活、更形象的描述或形容。

假设在一次论坛上，你给大家解释大脑的复杂性，下面这句话就是很平实的方式，甚至有些枯燥：

"大脑皮层里有很多的神经细胞连接线。"

这里的"很多"对听众来说几乎没有意义，因为它太过笼统，让人无法感受到到底是多少。倘若在描述中加入渲染：

"大脑皮层里有很多神经细胞连接线。如果我们把连接线取出，其长度足以从月球拉到地球，而且还可以再拉回到月球。"

这样的表达就会更有趣。

理查德·费曼在物理课上尝试解释量子电动力学的测量精度需要精准到什么程度时，他如此说道："就好像当你测量从洛杉矶到纽约的距离时，精确到一根头发的厚度。"这同样远比"测量会极其精准"生动得多。

因此渲染的关键是在表达前提醒自己：怎样才能够让对方更形象、更充分地理解我所说的意思。

以上例子中的渲染是比较准确的，即神经细胞连接线确实如所说的那么长。想要更有趣的话，我们还可以尝试在渲染的基础上加入"夸张"。这里的夸张并不是指扭曲事实，颠倒黑白，或是把90%的完成率说成100%，而是通过开玩笑的方式，对程度进行"拉伸"。

比如，当一个人形容同伴讲的笑话已经过时了，一种说法是："这个笑话太老了。"但这不够有趣，加上夸张则可以变成："这个笑话太老了，连恐龙都听过。"

夸张通过一种离谱的渲染赋予表达活力、重量或颜色，从而

加深感知，这也是优秀的脱口秀演员都是运用夸张的高手的原因。

具体来讲，夸张的渲染就是把一个词本来的范畴、尺度、数量，扩大 10 倍、100 倍、1 000 倍。说一个人肚子"大"，就不如说"肚子里可以放下 10 个西瓜"或者"装下一头牛"有趣；说"我想好好赞美你"，就不如"赞美你需要 100 年"[2] 有趣。

当人们听多了那些陈词滥调之后，就会产生免疫，而**夸张的渲染可以重新激活人们近乎麻木的神经**。就好像舞蹈老师为了让学生的动作做到位，只说"把胳膊伸展出去"是不够的，而是要说"把胳膊伸到窗户外面去！体会从北京伸到巴黎的感觉！"胳膊真的能伸到巴黎吗？当然不能，但只有这样描述，学生才能有深刻体会。

渲染对表达的意义不仅局限于字面上。比起它所传递出的语言意义，更重要的是**渲染所体现出来的一种对生活、对世界更为细微的感知和更为热诚的态度，甚至是一种浪漫主义**。试想，倘若没有更细微的感知，我们只会止步于"辣"这个最简单的感觉形容词；没有热诚的态度，我们不会进一步思考神经细胞连接线到底有多长；没有浪漫，我们不会想到赞美需要 100 年。

牵引的节奏

我们小时候总是喜欢听大人讲故事，因为故事里充满了我们从来没有见过的场景和未曾想到的情节。那些讲话有趣的人能够牢牢抓住我们的注意力也是同样的道理。他们用一个又一个的悬念、意外吸引着我们，就像是一根系在我们大脑上的绳子，紧紧地牵引着我们。无论是一则简短的笑话，还是一个动人的故事，又或是一部两小时的电影，都在运用悬念和意外来牵引、控制着表达的节奏。

艾伦·德詹尼丝[1]作为主持人在第86届奥斯卡颁奖礼上的开场是这样的："欢迎来到奥斯卡！"

随后她表情凝重地说道："这几天对我们来讲非常的艰难……"

听到这里，台下的嘉宾以为接下来她要说关于世界和平或种族歧视等问题。

但紧接着她说道："因为这几天这里下雨了。"

台下的嘉宾这才舒缓开刚刚绷紧的神经，并爆发出了轻松的笑声。这是她在9分钟的演说里第一次运用悬念与意外，类似这样的方法她在后面的时间里使用了二十余次。

而第二章提到的梅逊·扎伊德，她在一次分享中的开场是这样说的："我没有喝醉，但是接生我的医生喝醉了。"（当时她的身体在抖动）

这也是一个大大的悬念——怎么回事？原来是由于医生的疏忽，导致了她的脑瘫。

再比如，听过凯文·哈特讲故事的人都会觉得，他可以把任

---

① 艾伦·德詹尼丝：美国著名主持人，主持以她的名字命名的《艾伦秀》节目，她是少有的两次担任奥斯卡颁奖典礼主持人的人，曾荣获总统自由勋章。

何一件事都讲得生动有趣。那么让我们来"解剖"一下他的讲述。有一次他讲了一个关于给孩子过生日的故事：

我不再和那些富人交往了，因为富人只会让你看到残酷的现实。

有一天一个朋友给我打电话说他儿子周六过生日，问我愿不愿意带我女儿一起去参加生日派对。

我说："好啊，派对在哪儿？"

他说："在迪士尼乐园。"

我说："没问题。"

…………

当天我们到了迪士尼乐园后，看到他和他儿子两个人站在迪士尼乐园的门口，但乐园里面一个人都没有！

（一些观众听懂了，开始笑起来）

我问道："嘿，你不是说在乐园里举行派对吗？可里面没有人啊。"

朋友说："哥们儿，今天乐园里只有我们，我把整个乐园包下来了！"

（凯文一副愣住的表情，观众笑了）

…………

然后我赶紧问："我想先确认一个小问题，呃……你付过钱了吧？因为要是没付的话，我的钱可能不够。"

（观众大笑）

…………

随后我们便在乐园里玩，而且我一度把 5 岁的女儿弄丢了，可我一点也不慌。

因为我知道，反正乐园里没有别人，我们绕来绕去总会再次遇到。所以我就继续玩那些只有小孩子才会玩的项目，这样的话我女儿来玩的时候就能找到我。

（观众笑声）

…………

我们玩得很开心。

但是，残酷的现实来了！

因为三个月之后，就轮到我女儿过生日了。我在哪儿办的派对呢？在我家。

当然我也做了很了不起的准备，比如请人来扮演海绵宝宝陪小孩玩。

（观众笑声）

但海绵宝宝惹我生气了。

因为海绵宝宝的扮演者在休息时，竟然把头套摘了下来，并在孩子们面前开始抽烟。

（观众大笑）

我随后便上前教训他："不要在小孩子面前抽烟！在他们的印象里海绵宝宝是不会摘下头套的，也不会抽烟。把头套戴上！把那该死的烟掐了！"

此时，真正让我生气的事发生了。

（非常愤怒的语气）

因为没有任何人告诉我，这个海绵宝宝的扮演者是刚刚从监狱里出来的。

（观众大笑）

他对我喊："闭嘴！我刚从监狱出来，我才不管什么小孩子呢，我需要赚钱。"

当我听到"监狱"两个字后，我的态度发生180度大转变。

我说："你误会啦，我并不是说你不能抽烟，你当然可以抽呀。我的意思是说你别把烟吹到小孩子的脸上就行，你可以朝上吐烟呀。我知道你刚从监狱出来，你想抽就抽吧。要不，你干脆给我一根，咱们一起抽！"（非常懦弱的语气）

（观众狂笑不止）

…………

这个只有6分钟的小故事在优兔上有着几百万的观看量，那么这段讲述里面有哪些元素吸引着人们一直听下去呢？

在我们解剖故事之前，先来看一看讲故事大师，同时也是200多位奥斯卡及艾美奖编剧获奖者的培训师——罗伯特·麦基先生是如何看待推进一个好故事的关键要素的。他提到两个关键，一个是冲突，另一个是期望悖反。[3, 4]

冲突：是指那些看上去不协调、不合理、不平衡的状态，例如，一个人生病了（健康／病痛），要创业了资金不够（成功／失败），洪水即将淹没村庄（平静／灾难），心爱的人却让自己伤心（爱／恨）等。冲突带来悬念，而悬念会让我们好奇接下来会发生什么。

期望悖反：指事情的发展和我们的预期截然不同，这种不同既可以是负面的，也可以是正面的，总之是意料之外。

一段吸引人的表达，不论长短，我们都可以从中看到这些要素：冲突带来的悬念就好像是路上突如其来的一团迷雾，我们急切地想知道前方到底是什么；意外则像是忽然出现的一个转弯，把我们带到了预料之外的风景中。

好，让我们再次回到凯文·哈特的故事中并将其解剖，这次我会标注出里面的悬念与意外：

> 我不再和那些富人交往了，因为富人只会让你看到残酷的现实。（设置悬念：为什么会把生活弄糟？有什么不残酷的现实？）
>
> 有一天一个朋友给我打电话说他儿子周六过生日，问我愿不愿意带我女儿一起去参加生日派对。
>
> 我说："好啊，派对在哪儿？"
>
> 他说："在迪士尼乐园。"
>
> 我说："没问题。"
>
> ⋯⋯⋯⋯
>
> 当天我们到了迪士尼乐园后，看到他和他儿子两个人站在迪士尼乐园的门口，但乐园里面一个人都没有！（设置悬念：为什么里面没有人？）
>
> 我问道："嘿，你不是说在乐园里举行派对吗？可里面没有人啊。"
>
> 朋友说："哥们儿，今天乐园里只有我们，我把整个乐园包下来了！"（设置意外：一般人都是买票和其他人一起玩，

朋友却是包场。)

…………

然后我赶紧问："我想先确认一个小问题，呃……你付过钱了吧？因为要是没付的话，我的钱可能不够。"（设置意外：一般人是不会这么问的。）

…………

随后我们便在乐园里玩，而且我一度把5岁的女儿弄丢了，可我一点也不慌。（设置悬念：为什么不慌？）

因为我知道，反正乐园里没有别人，我们绕来绕去总会再次遇到。所以我就继续玩那些只有小孩子才会玩的项目，这样的话我女儿来玩的时候就能找到我。（设置意外：大人居然玩小孩子的项目，而且是为了找到小孩子。）

…………

我们玩得很开心。

但是，残酷的现实来了！（设置悬念：什么现实？）

因为三个月之后，就轮到我女儿过生日了。我在哪儿办的派对呢？在我家。（设置意外：朋友包下迪士尼乐园，我却在自己家里办派对。）

当然我也做了很了不起的准备，比如请人来扮演海绵宝宝陪小孩玩。（设置意外：所谓的"了不起的准备"，原来只是请人来扮演海绵宝宝。）

但海绵宝宝惹我生气了。（设置悬念：为什么海绵宝宝会惹他生气？）

因为海绵宝宝的扮演者在休息时，竟然把头套摘了下来，并在孩子们面前开始抽烟。

（设置意外：海绵宝宝是很可爱的形象，他却在抽烟。）

我随后便上前教训他："不要在小孩子面前抽烟！在他们的印象里海绵宝宝是不会摘下头套的，也不会抽烟。把头套戴上！把那该死的烟掐了！"

此时，真正让我生气的事发生了。（设置悬念：什么是真正让他生气的事？）

因为没有任何人告诉我，这个海绵宝宝的扮演者是刚刚从监狱里出来的。

（设置意外：那个可爱的海绵宝宝居然在前几天还是个罪犯。）

他对我喊："闭嘴！我刚从监狱出来，我才不管什么小孩子呢，我需要赚钱。"

当我听到"监狱"两个字后，我的态度发生180度大转变。（设置悬念：如何转变的？）

我说："你误会啦，我并不是说你不能抽烟，你当然可以抽呀。我的意思是说你别把烟吹到小孩子的脸上就行，你可以朝上吐烟呀。我知道你刚从监狱出来，你想抽就抽吧。要不，你干脆给我一根，咱们一起抽！"

（设置意外：先前强硬的口吻对比这里懦弱的态度。）

…………

我们可以看到凯文·哈特运用了大量的悬念与意外，从而让这个故事比平铺直叙式的讲述要有趣得多。虽然我们不是脱口秀演员，也不是好莱坞编剧，但是，这些底层的逻辑同样适用于增强日常表达的有趣性。

意外可以更细致地分为三种不同的类型。

发展方向：指当人们以为事件会朝着 A 方向发展时，你却说朝 B 方向发展。例如当你在一个非正式场合做自我介绍时，本来打算说："那次的经历曾让我一蹶不振。"这时就可以设置一个意外："难道你们以为我跌倒了就爬不起来了吗？哈哈哈你们猜对了。"这句话的前半句会让别人以为你爬起来了，结果却是没爬起来。

原因：基于某结果或某状况，给出一个大家没有预料到的原因。比如艾伦·德詹尼丝说的"这几天对我们来讲非常的艰难（悬念），因为这几天这里下雨了（原因）"就是大家没想到的。

指代对象：是指人们原本以为表达的重点是 A，而你指的是 B。例如吉米·基梅尔在一次颁奖典礼上调侃台下的嘉宾："我们并不会因为你来自什么国家而歧视你……只会因为你的年龄和身材而歧视你。"（他说的"歧视"只是调侃，完全在台下听众的可接受范围内）这里对一个人歧视的因素从"国家"变成了"年龄和身材"。

投入角色

那些讲话非常有趣的人还有一个不易被察觉的特点，这关乎他们以什么样的方式和角度讲话。例如：当他们描述一位小女孩在和爸爸撒娇时，往往会真的用小女孩的口气说话；当他们讲述

小练习

回忆最近发生的一件事情以及最后的结果，并写下来。

（例如：我上周去应聘播音员，结果失败了。）

_____

_____

_____

_____

假设你要给别人转述这个事情，尝试在开始时加入悬念，并在中间增加别人难以预料的意外，最后再道出真正的结果，你会怎么说呢？

_____

_____

_____

_____

一个酒鬼在马路上发飙时，也会像酒鬼那样胡言乱语。他们并不是以第三人称的角度在转述，而是把自己代入那个角色，并以角色应有的状态讲出来。就像特雷弗在讲半夜上厕所的故事时，他会用语气和表情来重现当时自己害怕的情绪；在他说到用俄式英语给自己壮胆时，也会真的用很神气的语气边走边说；当他讲看到一条充满怒气的眼镜蛇时，他的面部表情就是眼镜蛇的表情。

为什么这样的表达会使我们觉得更有趣呢？试问，如果可以实现，你是更愿意听人讲《西游记》中的故事，还是更愿意亲自穿越到孙悟空以及猪八戒的身边，感受他们的一言一行呢？答案想必是后者，因为后者更加真实、鲜活。

所以，**表达越是能够还原真实的场景、人物、情绪等，就会越有趣。**这需要表达者的投入，就好比歌手或演员越投入，我们越会被吸引一样。

田老师是我读小学时参加的乐团的带教老师之一，有一次排练《梁山伯与祝英台》，在我们的演奏开始之前，他先带着大家熟悉了一下这个民间故事。当时他的讲述紧紧地吸引住了我们，因为他并不是单纯地像个局外人一样给我们介绍剧情，而是一会儿化身为梁山伯，一会儿化身为祝英台，用他们的状态和语气对话。刚开始我们都在笑，但后来所有人都沉浸在了故事中。如讲到"十八相送"这一段，即两人同窗三载之后，梁山伯送祝英台回家，祝英台一路暗示自己的真实身份并对梁山伯表达爱意时，田老师用略带羞涩的口吻说道："英台若是女红妆，梁兄你愿不愿配鸳鸯？"而讲到祝英台被迫出嫁，狂奔到梁山伯墓前去祭奠时，他又撕心裂肺地大喊道："没有你，你叫我如何面对这一世的孤寂！"

田老师的讲述完全把我代入了那个故事与画面，而且第一次让我感受到一个人在讲故事时居然可以带来如此大的力量。尽管他讲的是个悲剧，我却依然觉得有趣，因为他带给我们的是一种全方位的冲击，已经超越了语言本身。

要做到投入就要屏蔽掉心里的顾忌（第五章），然后把自己变身成故事中的当事人，想象他的感受、神情、语气等，再尽最大可能把这些还原出来，从而让听众无限地接近角色。这种带着投入去还原真实的表达，不应该仅仅是舞台上的演员的追求，还应该是所有表达者的追求。

本章所讲的 4 个要素是从不同的维度提升表达的有趣性：在态度上，我们可以更轻松，对自己不那么认真；在内容上，通过渲染对表达进行有想象力的或夸张的点缀；在节奏上，用悬念和意外紧紧牵着听众，一会儿进入"迷雾"，一会儿突然"转弯"；在角度上，要变身为故事中的角色，带着听众去穿越。

爱就像每个人心中的屁，
如果憋着，难受；
如果释放，会伤害别人。

行事

让我们来到大树树冠的另一侧——行事。无论是一件小事情，还是大型项目，又或是个人发展等，从做事的方式和选择做什么来看，以下五大行事原则可以帮助我们实现有趣。

形式的魔方

亚里士多德在"形质论"中提出，任何一个物体都是由质料和形式构成。[1]前者是物质性的存在，后者是前者组成的方式。比如，木材就是质料，在这些木材被做成特定的形状，并组合起来后，就可以变成一个木马或木猪（形式）。拉链、布料、扣子、棉线是质料，它们以特定的形式既可以组合成背包，也可以组合成夹克。相同的质料，可以有不同的形式。

该理论同样适用于行事。

我们做的每一件事，无论大小，都是由若干元素构成，尽管有些不是物质性的存在，但等同于形质论中的质料。比如我们做一道菜的元素包括：食材、分量、烹饪方法、摆盘等；我们唱一首歌的元素包括：选曲、唱法、音调、伴奏、情绪等。这些元素可以多种形式进行组合，最终呈现出完全不一样的歌曲演绎。

在行事方面，变有趣的一种方式就是：基于行事所需的元素，改变其中某些元素或元素的组合形式。这就好像魔方上有不同的色块，我们需要转动魔方，组合成不同的图案。

转动形式的魔方，需要两步。

（1）解构。什么是解构呢？让我们找个可爱的东西作为例子，比如挖掘机。假如我们对挖掘机进行解构，它可以分为三个部分：车体、底盘、工作装置。再进一步解构的话，它包括：

- 车体：驾驶室、转台、发动机、燃油箱、电器部件、液压油箱等。
- 底盘：履带架、履带、引导轮、支重轮等。
- 工作装置：动臂、斗杆、铲斗、液压油缸、连杆等。

工作装置

车体

底盘

　　这样我们便清楚地知道了挖掘机的每一个组成部分。（你可能发现了这和上一章"认知"之间的关系）

　　因此，解构就是基于事物的结构，拆解出各个组成部分的过程。当然实物（挖掘机）的解构往往比较容易，因为实物的结构与组成元素（挖掘机的部件）都是肉眼可见的。倘若我们要解构我们所做的事，因为其通常包含着抽象的元素，所以会更复杂一些。例如，演奏钢琴，撰写商业计划书，召开研讨会，制作短视频等事情的解构就不太直观，如表 8-1 所示。

　　知道有哪些色块，即元素，是转动魔方的基础。

　　（2）变换。知道了解构后的元素，接下来我们便可以针对其中某些元素进行大胆的变换。相信很多人都听过《卡农》这首钢琴曲，有天晚上我随便搜索到了一个版本便开始播放，希望能够助眠，但没想到越听越清醒。由于该版本实在太特别了，害得我半夜爬起来去找现场视频，看到底是如何弹奏出来的。

表 8-1　不同事物的解构

事物	解构
演奏钢琴	旋律、音色、颗粒度、强弱、节奏等
撰写商业计划书	市场概况、竞争分析、客户需求、产品介绍、商业模式等
召开研讨会	主题、时间、形式、地点等
制作短视频	内容、布景、演绎形式、装扮、背景音乐、特效等

后来我发现，在演奏中，那位年轻的钢琴家将一把钢尺放到了琴弦上。由于琴弦在震动时，会带动钢尺跟着一起震动并拍打琴弦，这样弹出来的声音带着一种特殊的金属质感。她弹奏的节奏也和原先的古典版本不同。她使用了爵士乐的技法，没有踩着拍子弹每个音符，而是让音符出现在了一些很"暧昧"的位置，或早一点，或晚一点，调皮又不失流畅。同时，她也改变了一些旋律，用了更多的半音。后来我得知这位钢琴家曾获得格莱美奖，她的名字是上原广美。

这段演奏的本质，其实就是基于钢琴演奏的元素，玩转形式的魔方。

- 变换音色——从常规琴弦的声音到金属感的声音。
- 变换节奏风格——从古典乐到爵士乐的节奏。
- 变换音高——在原来旋律的基础上，改变了部分音符的高低。

音乐形式的变换给人耳目一新的感受。

我遇到的一位大学教授也喜欢玩"形式的魔方"。与许多人一样，我一直比较害怕考试或课程答辩这类事情。但是，他的课程答辩让我最难忘。

在读 MBA 期间，我大概上了 18 门课，每门课结束时都需要进行答辩。而大部分的课程答辩都是由老师出一个案例题目或者我们自选一个题目，然后基于这个题目做一个小项目或者写一份报告，有的课程需要我们在课堂上把成果交给老师。不过，保罗·赫希教授没这么做。

保罗教授是我在美国西北大学交换期间讲授"商业道德"课程的老师，他是一位 60 多岁的老人，发如银丝，却有着和年纪不相符的活力。在那门课程的答辩中，出乎意料的是他并没有出题目，而是让我们自己选一本和课程相关的书，并花一个星期读完。具体是什么书由我们自己定，但必须是他自己没读过的。最后，我们还需要给他讲这本书，让他听懂并接受他的提问。更意外的是，讲书的地点不是在教室，而是他家。

我清晰地记得，去保罗教授家里的那天，是芝加哥冬季里难得的一个阳光明媚的日子。去的路上，我有一些紧张，因为贪玩，所以我没有准备得太充分。敲门后，一位慈祥的老太太面带微笑地迎了上来，那是保罗教授的太太。保罗教授的家是一栋两层的小别墅，地上铺着棕红色的地毯，墙上是一些有年代感的油画，屋内的木质家具散发着特殊的香气。

这时教授从楼上走下来：

"金博，准备好了吗？"

"准备好了。"我心虚地说道。

他把我带到了他的书房，我们面对面地坐在绒布沙发上，这时他的太太端来了显然是早就准备好的红茶与饼干。

天呐！这哪儿是答辩，这简直是做客啊！于是我拿起一块儿最大的饼干塞到了嘴里，而我的紧张也消失了一些。

"我迫不及待地想听一听你从这本书里得到了什么，我现在是你的学生。"教授满怀期待地看着我。随后，我便把我能记起来的所有内容以及我的一些看法讲给他听。

"书里有什么你不同意的地方吗？""你会推荐给别人读这本书吗？为什么？"他又抛出若干问题，但他并没有刁难我，甚至不是用老师的口吻，而是带着真诚的好奇，我们之间已然变成了一种聊天与探讨。说实话，我已经记不清我具体说了什么，因为当时的我完全沉浸在了那种愉悦轻松的氛围中，而这种愉悦已经远超过了书的内容本身，如今我仍然时不时地回想起那次经历。

与众不同的保罗教授到底做了什么变换，让那次答辩如此令人难忘呢？普通的答辩解构后包括：选题，作业要求，作业交付形式、地点，老师和同学的参与形式等。但保罗教授几乎把每个元素都替换了：选题从案例题目变换成了学生自选的书；作业交付形式从写报告、讲报告，变换成了分享读书体会；交付地点从教室变换成了温馨的家里；参与形式从"一对多"变换成了"一将自己正在做或者希望做的一件重要的事情进行解构，并列出所有元素。

_____

_____

_____

针对每个元素，思考它们都有哪些转换的可能，并转换为不同的形式。

1		转换 →	
2		转换 →	
3		转换 →	
4		转换 →	
5		转换 →	

对一"的谈话。所有这些，给了我一个全新的"魔方"图案。

我们不可能每个人都成为上原广美那样的钢琴家或保罗先生那样的大学教授，但他们通过玩转形式带来有趣的方式，在任何类型的事情上都是适用的。

我回想自己做自媒体的历程，其实流量的增长出现过好几次停滞，而每一次的重新增长几乎都是因为视频形式的变换与创新。把自己装扮成卓别林，从口播到哑剧，拍摄背景从白墙转到真实的餐厅，从大人的口气变成孩子的口气，这些都是对构成视频的元素进行了变换。

后来，湖南卫视邀请我去录制节目那一次，导演明确提出希望我拿出视频中的有趣形式——在讲知识的过程中加入表演。因此，在讲"职场中如何听懂话外音"这个话题时，我插入了主持人杜海涛与我表演的一个小短剧，从而让整个节目内容更丰满。而"樊登读书"找我去录制讲书节目的时候，编导也同样问我："除了讲书，能不能演一演？"就这样，我成了"樊登读书"平台上首位在讲书时又表演又吹奏乐器的嘉宾。

所有这些，只不过是因为转动了"形式的魔方"。

游戏般玩耍

作为一个爱吃蛋糕的父亲，我会经常陪女儿去参加她小伙伴的生日派对。在生日派对快结束时，往往会有一个环节：当天过生日的小主人都会送小伙伴一份伴手礼作为感谢，收到伴手礼的小伙伴会很开心。一般来说，这个环节并没有什么特别之处。

不过，在一次生日派对中，这个环节变成了当晚气氛的高潮。

我当时正在一个角落里用电脑办公，突然听到了一阵阵的呐喊和欢呼。怎么回事？我连忙跑过去，发现：首先，伴手礼并不是放在桌子上由小主人递给大家，而是装了一个密封的大大的牛皮纸袋子里，并且袋子用绳子吊在了房顶。然后，小朋友们排着队，轮流走到袋子前面用棒球棍敲打袋子，每人打一下，看谁能够成为把这个袋子打破的小英雄。这样等袋子被打破时，伴手礼也会掉出来。同时，小朋友们还被告知袋子里面的伴手礼各不相同，最终拿到什么取决于可以抢到什么。

这个派对简直变成了一个"战场"，每个小朋友都劲头十足，使出全身的力气轮流敲打那个袋子，"啊！""呀！""快打破它呀！"足足10分钟，我看都看累了，他们却还没累。

终于，牛皮纸袋子"嘣"被打破了，伴手礼洒落一地，孩子们则欢快地趴在地上抢自己喜欢的礼物。

为什么这次赠送伴手礼环节会如此有趣？因为简单的赠送礼物环节变成了一场游戏。

人生来就喜欢玩耍，每个人都有一份童真。把本来无趣、乏味的事情转变成游戏，不仅会给人带来新鲜感，还会唤醒人们的童真，甚至还会激发人们的英雄品质，即通过不断的尝试，战胜困难，期盼胜利。

4C 原则

当然，唤醒人们的童真不仅仅是通过游戏或玩耍这么简单。那么为什么一件事情能够让人们感觉像游戏一样呢？我认为有 4 个关键要素，我将其总结为"4C 原则"。

挑战性（Challenging）：就像游戏一样，要设置一些有一定难度的任务，例如：信息量更大，耗费更多体力，需要更多次的尝试等。总之，要超出日常的体验，只有这样才能激发人们的好奇与专注。但是，难度要适当，不能太大，以至于人们完全看不到希望。如在"棒打纸袋"活动中，虽然孩子们无法轻易地得到礼物，但是经过几十次的敲打，他们确实有机会得到礼物。

具体来讲，挑战可以来自时间压力（如从一天变为一小时）、数量要求（如一小时内做完多少件）、复杂度（如查出从北京到伦敦的所有海陆空交通路线）等。

竞争性（Competitive）：竞争会让参与者更有激情，会把大家的神经调动到一个新的高度。"棒打纸袋"中的每个小孩子，都希望自己是首先打破纸袋的人，并且最后可以比别人先抢到更好玩的礼物，这体现的就是竞争性。

无代价（Costless）：哪怕失败，也不会造成太严重的后果，这样的话氛围仍然是轻松的。比如，如果对那些没有打破纸袋的小孩子实行惩罚，让他们把自己的书包留下，那么游戏的性质就完全变了。游戏可以有惩罚，但是要在人们可接受的范围内。

庆祝（Celebrate）：游戏最后需要有奖赏，或其他值得欢呼的东西来庆祝。如果说挑战性和竞争性是过程的意义，那么庆祝就是结果的意义。在纸袋被孩子们打破的那一刻，散落一地的礼物作为奖赏给这次游戏画上了圆满的句号，就像游戏中的超级玛丽打败怪兽后最终见到公主一般。我们设计的庆祝形式，可以是实物奖品，也可以是令人兴奋的体验，比如一场期待已久的旅行，总之它最好是生活中不常见的东西。

在思维训练课上，我有时会让大家来讨论：优化一个工作方案需要哪些思考步骤。通常在提出这个问题后，我会让每个学习小组进行讨论，然后分享他们的观点。而有一次，我可能是因为上课前听了《纸飞机》那首歌，突然心血来潮，所以并没有直接提问，而是让学员先玩一会儿纸飞机游戏。

首先，我把学员分成若干小组，让大家以小组为单位在规定时间内折纸飞机，折好之后，看哪个小组可以把纸飞机扔得最远。每个小组有两次机会，在第一次试飞完之后，小组内可以进行一轮讨论，优化方案后再进行第二轮的正式比赛。比赛结束后，我会给获胜小组一份奖品，并让大家基于游戏的体验来思考之前提出的问题：优化一个工作方案需要哪些思考步骤。

意外的是，这次形式带来的效果和以往纯问答形式带来的效果相比完全不同。所有学员都像生日派对上的那群孩子一样劲头十足，大家一边为了获胜争分夺秒地进行试飞、讨论，一边又享受着这个竞争的乐趣。最终，每个人不但都积极地参与到纸飞机的比赛中，而且随后也争相分享他们对于该问题的体会。一个小小的"游戏化"改变，使一个本来平平无奇的环节发生了质变。

把事情游戏化，让大家玩耍起来，并不是不切实际的东西，因为一件小事也可以基于"4C 原则"进行巧妙的设计，从而变得更有趣。

思考

假设在一次团队会议中，大家希望运用头脑风暴的方式来产生一些新的产品创意。如何基于"4C 原则"进行游戏化？

_____

_____

_____

"月光"下的事

前几章提到的那些有趣的人，有些人在做某一件事的时候展现出与众不同的方式或视角，有些人的有趣则体现在多面性上，即在不同的事情上都有热情与建树，这就需要额外的精力去探索、去寻找另一面。

英语单词"moonlight"（月光）作为动词，意思是在主业的基础上再做一份兼职。我觉得这个词很贴切，因为很多时候，要探索自己的另一面，往往需要在结束了一天的工作之后，顶着一束"月光"去做。

例如，戴维·所罗门白天是投资银行的 CEO，晚上则是酒吧的 DJ[①]。作为高盛集团[②]的首席执行官，戴维的工作时间估计和他的收入一样，已远超大部分人。可是，他仍然会在工作之余出现在各种酒吧、俱乐部、音乐节等场合进行现场音乐表演。他在 Instagram（照片墙）的账号甚至没有透露自己真正的职业，以至于许多粉丝都不知道他还有"高盛 CEO"的这个身份。除此之外，他还把一些经典老歌重新进行混音，制作成电子舞曲发布到全球最大的在线音乐平台之一——Spotify（声田）上。他混编的单曲《不要停》已经有 800 万的播放量，他的账号也有着 50 多万的月活跃听众。

①　DJ 全称为 Disc Jockey，也叫作唱片骑师，负责播放音乐或打碟。
②　高盛集团是全球最大的投资银行之一。

他的音乐造诣是否达到专业水平已经不是最重要的了，重要的是，他在工作之余仍然怀有去探索的心。这种额外的精力与时间的付出，对许多人来讲并非易事，然而，由此体验到的世界也是更多维的。就像戴维自己说的，工作外的爱好可以带来生活上的平衡。对他来讲，做 DJ 时音符与节奏带来的乐趣，是日常工作中的财务数字、并购上市等事情无法替代的。他让人们看到了一个更为立体的、有趣的人。这些都是"月光下的事"。

我回想自己在职业生涯中的几次关键转型，从咨询顾问一步步到现在的培训师以及视频自媒体博主，这些大都不是立刻发生的，而是从"兼职"逐渐演变而来的。

记得当初我还是一名咨询顾问时，就有朋友问我愿不愿意去大学做一些关于如何进入咨询行业的分享。当时我其实并不知道自己是否喜欢这个事，更没有料到讲课会成为我几年之后的职业。只不过我觉得尝试一些新的事情总是好的。所以，尽管那段时间我平均每周工作 80 个小时左右，但我还是决定去试一试。

我第一次做分享是在北京外国语大学，也是在"月光"下——学生晚自习的时间。那次不是正式的讲课，而是学生可以自由报名的沙龙活动，时长只有一小时，最终只来了 20 多人。但没想到的是那短短的一小时，给了我在做咨询顾问时完全没有过的感觉：虽说前一天晚上我准备到了半夜两点，但是在分享的时候，我的状态异常放松，没有强烈的目的，没有太多的约束，而是享受着整个过程。

那次的经历为我打开了一扇窗，从那扇窗照射进来的光异常地耀眼。随后，我便开始寻找更多讲课的机会。例如：去清华大学给学生讲咨询顾问的思维方法，给国外大学的中国游学生[①]讲中国市场的特点等。这些事情几乎都集中在晚上或者周末，然而我并没有问过自己"这次要不要去"，"这次的酬劳够不够高"，因为这些事情带给我的从未有过的感受，早已替我回答了这些问题。

这一段经历对于我后来决定转型去创业做培训师，起到了关键性作用。后来，我开始做视频自媒体也是一样，我并没有把它当作自己的工作或业务，而是带着尝试的心态，利用业余时间去体验：一方面体验那些新鲜事物本身，另一方面体验自己在这件事情中得到的延展。最终，它逐渐把我推到了更加正确的位置上。

那么"月光下的事"和有趣有什么关系呢？表面上看，它和有趣并不直接相关，但它像一个小小的挖掘机一样，帮助我们发现并挖掘那些可以带来有趣的东西。

"月光"带来什么

"月光下的事"除了能带来表面的体验，还会深入认知与内在系统。

丰富认知：第六章我们就讲到有趣需要认知的广度，以及不同领域的认知的融合等。而在我们做了一些和当下工作非常不同的事情后，如从投资到 DJ，从咨询顾问到大学讲师，它们往往会帮助我们打开对新领域的认知，进而与已有的认知融合。

倘若不去尝试，这种通过体验获得的认知可能永远不会被发

---

① 中国游学生，指一种短期项目，国外学生来中国参观企业，并到与中国合作的大学听课。

现。比如，在尝试做视频自媒体之前，我对于相关领域的认知几乎为零。然而一年之后，我对于视频在不同平台的运营规律、商业合作，以及与电视综艺的联动、与线下社群的联动等都有了认知。这些认知在当今的任何行业都有其价值，这便是新的尝试带来的认知价值。

激发隐藏特质：一个人的特质并不是每天都在被调用，无论是童真，还是口才，又或是幽默等特质的激发和发掘，都需要特定的场合。只有当我们不断尝试不同的事情时，一些特质才能够被激发出来，进而被自己或别人发现。

比如，在做咨询顾问的时候，我不可能在企业高管面前要宝、跳舞、卖萌，因为在严肃的场合下，做出这类行为的风险很高。但当我做讲师讲课的时候，我在学生面前可以更自如一些，因为轻松的场合对我童真的一面更加宽容，这间接帮我发现了自己的这一特质。再比如，第三章中的那位演讲冠军女学员，她也是通过那次经历才意识到大家非常欣赏她的幽默。

我们的特质不是马路上的硬币，低头便可见，而像是埋藏在地表下的钻石，需要我们到不同的地域向下挖掘。

拓展内心边界： 在第五章我们提到有趣需要放下自我、切换身份、放大缺点等，这些都是内在系统层面的东西，都需要我们破除内心固有的信念和对自我身份的固化认定，如"别人一定会关注我"，"我不能有缺点"等，这些都是我们为自己树立的边界。

当然，破除内心的边界确实不易。比如当老板一再指出我们身上的某个缺点时，我们很难告诉自己无所谓。当我们总是以单一的身份生活时，就很难调用其他身份。然而，当我们跨到一个完全不同的场景时，就会自然地拓展我们内心的边界。就好像某人每天都穿着柔软的拖鞋走在家里的大理石地板上，而当他需要光着脚踩进泥巴里时，才发现原来自己并不总是需要穿着拖鞋，原来自己本以为的脏兮兮也有好玩的一面。

做"月光下的事"，即在业余时间尝试一件事情所能带给我们的改变，是我们仅仅通过听别人讲或者看别人做不能达到的。还记得第三章我们提到的"神经可塑性"吗？**只有我们自己的亲身经历才会改变神经元之间的连接，进而真正改变自己。** 根据生物学及神经学领域的最新发现，神经元机制不仅仅是简单的记忆过程，还是一种生存需求，一种进化策略，即当我们进入特定的环境时，如果一种能力更有利于我们在该环境下生存，它就会被不断强化，而其他不相关的能力就会被抛弃。[2] 就好比当猎豹在追你时，大脑不会帮你记住数学公式，而会提高你的跑步速度。"月光下的事"会影响大脑运行的程序，一方面让我们更加多面、立体，另一方面间接影响我们的认知和内在系统。

痛苦原则

那么究竟该尝试什么样的副业或兼职呢？我的建议是，在选择时可以参考以下 5 个"不同"，至少满足其中的一个"不同"。这 5 个"不同"的英文单词首字母组合起来恰好是"PAINS"，即痛苦。我认为这正好代表了"月光下的事"的另一面——"月光"除了可以带给我们前面提到的价值，还一定会伴随着不适、压力、痛苦。但我认为这种"痛苦"和前面提到的"价值"比起来微不足道。

伙伴（Partner）不同：和松鼠做伙伴一起找坚果，会让我们学到原来藏匿坚果还有这么多的学问；和小溪做伙伴一起去旅行，会让我们发现原来沿途还有如此罕见的风景。因此，与什么样的伙伴一起做事至关重要，他们会直接带给我们新的认知或是有意义的建议。

这里的伙伴是广义的，他可以是事情的负责人、老板、团队成员、合作者等。当然，我们去尝试新事情时的合作伙伴，最好与日常工作中相处的人有所区别。比如，这些伙伴有着不同的经历、不同的教育背景、不同的专业背景，甚至不同的文化背景等。

受众（Audience）不同：你需要面对的人或交流对象（如听众、客户等）和日常工作中的受众不同，这样才能从他们那里得到和日常不一样的反馈（正面或负面）和启发。

比如，戴维的受众从金融白领或企业高管，变成了酒吧青年或音乐爱好者。我去大学讲课时，受众从企业高管变成了大学生，前者会告诉我："小朱，你建议的这个商业决策，缺乏让我信服的数据支撑。"或者"小朱，你做的 5 年市场预测很精准！"而大学生会说："老师，能不能把这个方法给我们解释得更通俗一些？"

或者"老师，你今天上午对我的肯定能让我高兴半年了！"两者是如此不同。

行业（Industry）不同：接触一个不熟知的行业，会帮我们拓展对该行业的发展趋势、竞争格局、商业模式等方面的认知，这是最直接的益处。另外，不同行业还有着许多其他的不同，例如：对人的要求不同（如有的行业需要共情能力强的人，有的行业需要数据分析能力强的人），工作节奏不同（如制药行业的工作节奏较慢，互联网行业的工作节奏较快），体验不同（如有的行业需要各地奔波，有的行业则需要广泛阅读）等。这些不同都可以从各个角度丰富我们的认知，并让我们得到锤炼。

性质（Nature）不同：同一行业里有着不同性质的工作，这不一定是指具体的职位或岗位，而是指从做事的角度来看，工作的性质更贴近什么，更需要什么能力，例如：研究性质、销售性质、采访性质、交际性质、创意性质、技术性质等。不同性质的事情，会调动我们不同的能力。

严肃度（Seriousness）不同：不同的场合对于严肃度的要求是非常不一样的，比如，组织医疗行业的专家学术研讨会和带领小孩子去植物园赏花，这两件事情的严肃度不同，而这会在很大程度上影响我们如何发挥。因此，我们可以尽量选择严肃度和原本工作不同的事情。

在"痛苦原则"下，我们选择的事情所满足的"不同"的条件越多，挑战也越大，因为这意味着我们离自己所熟悉的状态越远。但是，离所熟悉的状态越远，我们就越能够发现隐藏在深处的潜质，越能拉伸认知，同时让我们自身越立体。

海蒂·拉玛出生在奥地利，她12岁在维也纳的选美比赛中获胜后开始拍电影，随后进入美国好莱坞发展，并拍摄了20多部米高梅和华纳公司的电影，成了当红女星。

图8-1　海蒂·拉玛[3]

这并不是她的全部。她在业余时间一直喜欢尝试各种小发明，如溶于水后可制成盐酸饮料的药片、交通信号灯等。第二次世界大战期间，在得知美国海军的无线鱼雷信号容易受到敌军干扰而偏离航线后，她联系到她的钢琴家朋友，基于钢琴弹奏装置的原理发明了跳频技术。与普通的定频技术相比，跳频技术下的通信更加隐蔽，更难以被干扰。这项技术被授予专利，并且若干年后被应用在了海军舰艇上，而且今天几十亿人都在用的蓝牙和无线网络通信技术都是基于该技术的发明。

2014 年，海蒂被列入美国发明家名人堂。为纪念她，由天文学家卡尔·威廉·赖因穆特发现的 32730 号小行星，以她的名字命名，"32730 Lamarr" 被永远地挂在了太空中。

混搭的火花

行事的另一种有趣的方式就是混搭。它和转动形式的魔方的区别在于：转动形式的魔方是指改变一件事情的某些构成元素，混搭则是指把两件原本看似非常不相关的事情糅合在一起。

让我们来做一个假设：你想成为一名喜剧演员，可是你的妈妈希望你成为一名钢琴家。你该怎么办呢？

有一个人两样都没耽误。先不管他是谁，让我们来看看他是如何左右兼顾的。

他走上舞台，站在钢琴边上，问台下的观众："你们喜欢好听的音乐吗？"

"是的。"一位观众回答道。

这时，他并没有开始演奏，而是拿起乐谱递给那位观众，说道："给！这要两美元。"（做出要卖乐谱并收钱的样子）

观众被这个不按套路出牌的钢琴家逗得大笑。

当弹到情绪激昂的片段时，他会跟着音乐突然从凳子上蹦起来，摔到地上，随后不慌不忙地打开凳子上方的盖子，里面居然藏着两条固定好的像安全带一样的东西。他将带子绑在身上说道："为了安全，我要系好安全带。"

有一次，在他演奏时观众没听懂他弹的是哪首曲子。这时，他突然意识到乐谱摆反了，所以弹出来的音符顺序是倒过来的，于是他赶紧把乐谱上下调转180度，重新开始弹奏，这时才响起大家熟悉的《威廉·退尔》序曲①。

当演奏快结束时，他却反复不停地弹着同一个音符无法继续。怎么回事呢？哦，原来他发现这首曲子的最后那个音符，还在之前给观众的那张乐谱上。这时，他走下台，从观众手里拿过那张乐谱并把音符从纸上撕下来，沾了一下唾沫，粘在钢琴上，终于弹出了最后的音符。这时，观众又一次哄堂大笑。

这位便是丹麦的喜剧演员兼钢琴家——维克托·伯厄。他表演

---

① 这首曲子也是由第一章提到的罗西尼创作的。

的《音乐中的喜剧》以 849 场演出成为戏剧史上持续时间最长的单人表演，并列入了吉尼斯世界纪录。[4] 在他诞辰 100 周年之际，哥本哈根为他竖起了一座雕像，这不只是因为他钢琴弹得好，也不只是因为他的表演超过了其他喜剧演员，而是因为他融合了这两者。

喜剧表演和钢琴演奏本是两件完全不同的事情，但是维克托把两者巧妙地混搭在了一起，并称之为"音乐喜剧"。

当然，我们并不需要创立一个全新的剧种或者流派，哪怕是日常的事情，我们都可以尝试把它们拉扯到一起。在上一章中我们就提到，事物之间往往有着各种微妙的关联，关键是我们能够去发现并尝试。其实已经有许多不同的事物进行混搭的案例可以借鉴，例如：通过在培训中让大家玩乐高积木，来洞察领导力的核心要素（玩积木与培训的混搭）；运动比赛和公益募捐的混搭；在我参加的一次山地徒步活动中，导师布置了一个写作任务——用文字描述路途中的细节与见闻，这让我在整个过程中都带着格外好奇的眼睛去观察，这是徒步与写作的混搭；等等。

　　我在一次偶然的尝试中也体会到了混搭带来的惊喜。那次是给一位私募基金公司高管做一对一辅导，对方是一位对自己要求很高，而且工作态度很严谨的女士，她希望能够提升演讲的感染力。记得辅导当天，她忙完工作已经是深夜，我来到她的办公室后，基于她描述的演讲场景，让她进行演练。同时，我现场指导她在演讲的过程中应该注意什么，其中有一部分技巧是关于演讲时的音调（声音的高低）和音量（声音的强弱）变化，以及语速的快慢变化。

　　演练了几次后，我感受到了她的一些改善，不过还不够明显，她的感染力还没有达到预期的状态。随后，我们决定先休息一会儿，我便拿着一杯饮料到窗边看风景。就在那时，我的思绪开始不自觉地发散开来，大脑中闪现出指挥家卡洛斯·克莱伯①在指挥时的画面，他挥舞着手臂，时而激昂，时而轻巧，时而飞快，时而悠缓，富有变化的音乐从他的指挥棒流淌出来。顷刻间，我的脑海中冒出一个很随兴的想法。我转过身告诉她："你现在就是乐器，跟着我的指挥来演讲！"

　　随即，我稍显夸张地摆出像指挥家的手势，来体现声音

---

① 卡洛斯·克莱伯既是一名指挥家，也是一个完美主义者，如果排练不完美，他宁可取消演出，他在台上如孩子般有活力。他曾被《BBC（英国广播公司）音乐》杂志评为"史上最伟大的指挥家"，但其一生只接受过一次采访。

的高低、强弱、快慢，并让她跟着我的手势来发音。她的兴致显然要比先前高得多，并且随着节奏的起伏，她更加投入，也更加放松。就这样，那天晚上她第一次带着笑意完成了演讲。在深夜的40层楼上，一个"冒牌指挥"，一个"纯人声乐器"，演奏出了"怪异"的音乐。

演讲能力的提升并非一日之功，我也不是魔术师，但那次"演奏"让她彻底在演讲练习中打开了自己并找到了感觉。这对我来讲也是一次意外的收获。在这之前，我从来没有以这样的方式做过辅导。音乐指挥怎么可以混到演讲练习里来呢？但没想到的是，这次混搭的效果出奇得棒。后来，这个灵感也被我拍成了视频，并且作为一个练习环节用在了我的培训课中。

在行事中，把本不相关的事物进行混搭，会带来一份新鲜感，因为这是人们没有见过或体会过的。正是因为混搭多了一层美妙的复杂度，它会调动我们的好奇心与注意力，开启多一层的思考、多一份的投入，进而带来思想上的冲击与火花。

走窄门

反自然、反人性的事情总是最难的。水总会沿着斜坡流下来，人总会选择最容易的那条路上山。我们总是倾向于选择简单易行的事，做那些已经被别人验证过的事，走那些被许多人踏过的路。我们喜欢那道宽的门。

不可否认，走宽门是安全的，也是有回报的。比如在完成一个项目时，选择容易的方式可以让我们的投入产出比更高，许多人都去做的事大概率是由于人们尝到了回报的甜头，被验证过的商业模式可以缩短我们的学习路径，主流的行为方式也一定有其成为主流的道理。

但不要忘记，宽门的初始，终究还是窄门。假如所有人都走宽门的话，世界将失去它的丰富性。那些艰难的、荆棘密布的路，虽然走的人少，却是一种让人心生敬意的有趣。

"不严肃"词典

英国作家塞缪尔·约翰逊就是一位走窄门的人。他花了足足9年的时间（1747—1755 年），编写了一部《英语大辞典》[5, 6]。

有人可能会想这有什么了不起的，英文词典到处都是，而且之前已经有了一些英文词典，例如：

- 1582 年，理查德·马卡斯特编撰了一份英语单词表，但还没有单词的释义。[7]
- 1604 年，罗伯特·考德里写出了第一本带有释义的词典《按字母顺序排列的词表》，但里面只囊括了 2 000 多个单词。
- 1704 年，约翰·哈里斯编撰了一部垂直领域的专业词典《艺术与科学通用英语词典》。
- 1730 年，内森·贝利写出了《大不列颠大词典》，包括 4 万多个单词。

不过，塞缪尔做的要更加特别。首先，他开创了引用例句来解释单词的方法，而不仅仅是像《大不列颠大词典》那样，只是直接描述词的含义。这意味着大量的工作：他连同雇佣的 7 个助理翻阅了海量的名家著作，包括莎士比亚、培根、斯宾塞、蒲柏等人的作品，并把其中适合的句子摘抄到近百个笔记本上，然后再按照字母顺序重新排列，这让整本字典简直就像是一本文集。

哲学家戴维·休谟描述这个词典："它已不仅仅是一本参考书，而是一部文学作品。"例如他对"fart"（屁）这个词的解释引用了诗人约翰·萨克林的诗：

爱就像每个人心中的屁，

如果憋着，难受；

如果释放，会伤害别人。

Love is the fart

Of every heart;

It pains a man when 'tis kept close;

And others doth offend, when 'tis let loose.

此外，他走的另一道窄门是在本应严谨的词典中，增添了"顽皮"。

让我们来看看，对于一些词，他是如何解释的。

燕麦，名词：一种谷物，在英格兰通常是给马吃的，但在苏格兰是给人吃的。

Oats, noun: A Grain, which in England is generally given to horses, but in Scotland supports the people.

枯燥的，形容词：不令人振奋、不令人愉快的。比如，编字典就是一件枯燥的工作。

Dull, adjective: Not exhilarating; not delightful. As, to make dictionaries is dull work.

赞助人，名词：表示赞同、支持或保护的人。通常是一个卑鄙的人，他以傲慢的态度支持别人，并经常得到奉承。

Patron, noun: One who countenances, supports or protects.

Commonly a wretch who supports with insolence, and is paid with flattery.

狼蛛，名词：一种昆虫，被它咬了之后，你只能靠音乐治愈。

Tarantula, noun: An insect whose bite is only cured by music.

政治家，名词：1.精通政府艺术的人，精通政治的人；2.诡计多端的人，深谋远虑的家伙。

Politician, noun: 1. One versed in the arts of government; one skilled in politicks. 2. A man of artifice; one of deep contrivance.

诡计，名词：狡猾，技巧，小策略，消遣，欺诈，欺骗。一个既不优美也无必要的法语词。

Ruse, noun: Cunning; artifice; little stratagem; trick; wile; fraud; deceit. A French word neither elegant nor necessary.

他的注解如此不严肃，又透露着深刻或有趣的嘲讽。

塞缪尔所做的事，是走没有人走过的，甚至是伴有风险的窄门，但当迈出这一步并走下去之后，他所做的事就成了独特的存在。就像伟大的爵士乐手迈尔斯·戴维斯说的那样："不要演奏那些已经有的，演奏那些还没有的。"

当然，"走窄门"并不意味着要像塞缪尔一样花8年的时间。比如，安妮·埃德森·泰勒做的事只花了十几分钟。

安妮与瀑布

　　安妮是一位女教师，她晚年独自生活。1901年，63岁的安妮在家读报纸时，发现近期有一个泛美博览会在尼亚加拉大瀑布附近举行。她小时候去过那里，知道那是一个很受游客欢迎的地方。据她回忆："我放下报纸，坐下来想了一会儿，这个念头在我的脑海中灵光一闪——乘坐木桶穿越尼亚加拉大瀑布。没有人曾完成这份壮举！"她决定用这样的方式赚取一些生活费用。

　　随后，她马上采取行动，先是去啤酒木桶制造厂定制了一个木桶，里面配置软垫和皮质安全带，而后又联系了一位

图 8-2　安妮与她的木桶 [8]

活动经纪人进行宣传。当然，她并不是那么鲁莽，而是仔细研究了应该从瀑布上游的哪里出发，会掉落到下游的什么位置，以便朋友用船来接应她。另外，她还先用一只猫做了一次实验，发现猫平安无事后，她才正式向瀑布发起挑战！

10月24日，在她生日的那天，她把自己装进了木桶，随着尼亚加拉河的水流漂浮到了瀑布边上。紧接着，游客目睹了他们一生从未见过的景象，木桶从近50米高的瀑布坠下。

事先待命的救援人员赶紧乘着船去打捞木桶，安妮平安无事，瀑布旁的观众为她的壮举欢呼起来。

当天，《纽约时报》用了大篇幅来报道这位第一个从瀑布上落下的女性，随后有漫画家画出了她的事迹，还有剧作者将她的故事改编成了音乐剧。到处都流传着安妮的故事。

窄门之后的宽门

我们在做每一件事情时，都会在大脑里快速地进行有意识的或无意识的成本效益分析：这个事情的风险是不是太大了，不值得去做；那个项目在风口上，应该更容易成功。这就好像我们快速计算了一次 2 - 1 = 1 或者 2 ÷ 1 = 200%（2 是收益，1 是成本）。

可是，我们忽略了一个重要概念——诺贝尔经济学奖获得者赫伯特·西蒙提出的人的"**有限理性**"[9]，即我们会基于获知的信息尝试做出理性的决策，但任何一个人能够掌握的信息都是有限的，因此我们所谓的理性决策不可能是最优的。这不仅是因为我们自身认知的局限性，还有外界条件的不确定性。

例如：狐狸无法预料，近在咫尺的野兔其实是猎人为了捕杀它们放置的诱饵；我们无法准确判断，在网络上评分高、排队长的餐厅是不是味道就一定好；当一个企业在制订战略时，无法精准地预测出竞争对手会采用何种战略，而竞争对手的战略又会被其他因素影响，如客户需求的变化、经济形势、政治局势等；同样，我们也无法准确判断那道宽门的回报是不是一定更高。

我们很难看到未来的各种可能性，很难预见当下的行动会带来什么连锁反应，只不过**我们把自认为的判断当作了眼下的安慰，绕过了窄门，却也错过了窄门后面的宽门**。

在读 MBA 项目的两年里，大家都会在第一学年结束后的暑假找一份实习工作，一是为了赚一些钱维持生活或者偿还留学贷款，二是为了通过实习找到自己喜欢工作。当时班里同学主要申请的是三大类公司：投资银行（如摩根士丹利），咨询公司（如麦肯锡），其他跨国企业（如谷歌）。我却被一个不属于以上任何一类的公司吸引了。

学校设立了一个创业项目叫"伦敦商学院咨询"，这个项目会筛选出 7 名学生在暑期成立一个临时性的咨询公司。之所以是临时性的，是因为这个公司只运行一年，目的是锻炼我们。除此之外，它和正式的公司一模一样。学校只提供办公室，剩下的事情诸如业务拓展、合同谈判、项目实施、财务规划等都由团队成员自己解决。公司完全自负盈亏，这也就意味着，在这段时间里是赔是赚全掌握在我们自己手里。

要知道当时去投资银行或正规咨询公司实习的同学，平均每周的实习薪水在 1 500 英镑左右，而我们的收入起点是 0 英镑，终点可能高于 1 500 英镑，但也可能是负数。这显然是个"窄门"，但我仍然被这个项目吸引了。坦白地讲，我当时并没有什么细致的规划，没有去预测这个项目会给我带来什么，也没想着我应该走窄门，我只是单纯地觉得这个机会很有意思，因为可以和具有不同背景的几位同学体验一次初创公司从 0 到 1 的过程，当然也可能从 0 到 –1。

很幸运，我通过了面试，团队的另外 6 个人分别来自美国、英国、印度（2 人）、意大利、智利。

好家伙，我后来才发现这道门是真的窄。因为那个时候，当别的同学已经拿到第一个月的薪水开始请大家喝啤酒时，我们还在苦苦地寻找第一单客户；当别的同学在各大公司里和前辈学习成功经验时，我们团队成员之间还在为了一些小事吵吵闹闹；当别的同学在分析各种全球行业研究报告时，我还拿着装有巧克力和可乐的塑料袋，在大街上拦住路人，只为让他们帮我填一份消费者调研问卷。这一方面使我感受到经济的压力，另一方面使我感受到面子的压力——担心被同学嘲笑。这哪里是窄门，这简直是一扇大铁门压在我们背上。

不过，最终结果还算不错，我们找到了一些客户，做了蛮有意思的咨询项目，还把一个公司里的不同岗位可能经历的事情几乎都经历了一遍。重要的是，在第二年我真正意识到这道"窄门"给我带来了什么。

转眼就要开始找全职工作了，大家纷纷去参加不同公司的面试。当我在面试中提到这一段经历时，毫无例外，每一位面试官都非常好奇，他们会问很多的问题：

"你们是怎么找到客户的？"

"你为什么选择做创业项目呢？"

"这段经历会如何帮到你未来的工作？"

"你获得了哪些在大公司得不到的经验？"

当一位面试官了解到我在这个特殊的实习中，把扫地、买笔，印刷宣传页，和客户谈判，分析英国健康消费趋势等事情全做了一遍时，她惊叹连她自己都没有在一份工作中经历这么多不同的事情。简单来说，这个经历大大提高了我随后面试的成功率，因为它为我填写了一张与众不同的名片。

就像我前面说的那样，我其实并没有去预测当初的决策意味着什么，而且说不定一旦我认真分析了，反而不会选择走这道门，也就会错失后面的机会。我无意中撞进了窄门，它却给了我意外的回报。**窄门打开了更多的宽门。**

当然，我的这段经历其实是一件很微小的事情，不同的人在不同的阶段面对的众多选择可能要更复杂、更艰难。然而，不论事情大小，选择窄门能够带给我们的东西都是共通的。**走窄门向外表达的是一种勇气和一种态度，向内带给我们的则是一段独特的经历，在这段经历中磨炼过的那些处事方式、思考、品质等会刻在我们人格深处。**

塞缪尔去世后，受到英国的最高礼遇，他和达尔文、牛顿、丘吉尔等人一样被葬在伦敦的威斯敏斯特教堂。

在安妮穿越尼亚加拉大瀑布的 100 多年后，她晚年居住的城市为她建了一座纪念碑，上面写着：

"我们需要纪念她，因为那是一段有趣的历史。"

结语　真正的你

至此，我们从系统地定义有趣，到洞悉有趣对于我们的实际益处，再到认识那些有趣的"杀手"，以及最终如何做到有趣，进行了完整的解析。希望本书中的观点以及与有趣相关的经历，可以帮助你敲开有趣这道门，带给你积极的改变。最后，我希望回归几个更广泛、更基本的话题，以便我们的有趣能够站稳。

外在与内在

从"如何做到有趣"的角度来看，外在的言行最为直观，而本书提到的表达与行事相关的原则与方法也最容易习得。但我仍然想强调，**有趣更为根本的是内在的部分**，即我们如何看待自己，我们专注于什么，我们接受什么，以及我们如何认知。

虽然后四章是将言行与内在分开来讲解，但它们是紧密相关的。无论是表达还是行事，每个原则或方法都是建立在内在基础之上的。例如表达中的"自嘲"，直观上看是口头表达技巧，其实更为关键的是我们内心是否能够接受自己的缺点，而不在意别人眼中的自己，这是内在系统的关键（第五章）；再比如行事中讲到的"混搭的火花"，表面看似只是做事方法，却需要在认知上看到事物之间的关联（第六章），并且没有顾虑地去展现关联，这些也同样是内在的东西。

反过来，**当我们的内在足够丰富，足够扎实后，外在的部分则会更为轻松、自然。**假如一个人有着足够广的认知，或者有着和其他人截然不同的视角，并且能够放下自我，像个孩子一样毫无顾虑地分享，那么他具体的说话技巧则变得次要了，因为他已经足够有趣。

因此，**有趣是由内向外的。**

做到与看到

我们留意什么，就会被什么牵引。没有看到，就很难做到。

有趣的人总是会对身边的点滴投入更多的关注。凯文·哈特的身边并不是每天都有喜剧；卓别林看到破洞的被子，会联想到将它套在头上会变成有趣的披肩长袍；憨豆先生在采访时对一件日常小事的描述，都充满了对他人的表情和心理活动的细致的观察。这个世界上的人与物就是最好的老师与教程。

本书篇幅有限，所列举的有趣的事、有趣的人仅仅是世界上存在的极小部分，还有太多我喜爱的、未知的人没有列入本书。我相信本书之外的世界，有着更多的"有趣"等着我们去发现。比如翻开一本从未看过的杂志，询问朋友他最喜欢的一个人物，欣赏一部以前只听过名字的电影，问问同事他正在学习的一项技能，仔细读一篇和自己观点相反的文章，去一家从来没有去过的餐厅，都会发现有趣。我们只有亲自看到更多的有趣，才会对有趣产生更多的体会。

所以在某种意义上，**有趣需要对抗懒惰**。这不是指肉体上的辛苦劳作或者加班加点，而是眼睛、思维、心灵上的向前一步，让自己看到这个世界给予的色彩与启示。

"有趣"的底色

如果我们历数这世上所有让人发笑的事，这显然超出了本书中有趣的范畴。反过来，本书中所有关于有趣的定义或方法，都可以找到一些极致的例外。

假设有个人讲了一个笑话，你可能会发笑，但未必会觉得讲笑话的那个人是个有趣的人。在某次选秀节目上，一位选手的表演非常滑稽，技巧十足，然而他并没有得到评委的青睐，原因在于人们看到的是一个做作的外壳。还有许多邪恶的事情，理论上它们确实满足本书里说的"非常规的行为"或"独到的视角"，但人们明显不会觉得这些事情有趣。

那么本书中的"有趣"与上述情况的界限在哪里呢？

我认为，两者的界限在于有趣的人除了他们所做的事情本身，身上所透出的一种普世的精神与准则，即有趣的底色。

有趣的第一层底色是**积极**。这是一种**发自内心的喜爱**（罗西尼对于美食），也可以是一种**对于美好的追求**（沃尔特·亨特研究更安全的别针，梅逊·扎伊德看到残疾人的优势），又或是一种**对世界的洞察与探索**（开普勒探索宇宙中的音乐，同学老汤对生活中的运气的洞察）。而在先前的反例中，讲一个笑话或者只是做出滑稽的动作，不代表就一定拥有积极。**有趣不是哗众取宠，也不是故作姿态。**

有趣的第二层底色是**善**。**没有善的有趣，一无是处。**理查德·费曼在意识到原子弹可能会对人类造成危害后，曾一度陷入压抑；沃尔特·亨特在发明了缝纫机后，担心这会导致女工失业，从而放弃了申请专利。包括第五章讲到的"童真"，没有"善"这个标准的话，带来的很可能会是麻烦，而不是有趣。固然，善不等于有趣，"爱人如己"也不会让人觉得好玩，但这就是底色，有了底色才可以继续对有趣上色。

有趣的第三层底色是**真实**，即有趣来自真正的你。

真正的你

有趣是一个**极具个性化的特质**。尽管本书列出了有趣的若干种典型特征，以及如何变有趣的一些普遍性原则与方法，但是其中的每一个点都有足够大的空间去发挥属于你自己的思想与喜好。

比如，第七章提到"无厘头的比喻"是一种有趣的表达方法，然而一个事物的比喻可以有千万种，你独特的想象力决定了那个比喻是什么；第八章提到转动"形式的魔方"可以让我们的行事更有趣，不过仍是你独特的情趣决定了魔方转动后的颜色；同样在我们提到"走窄门"时，只有你才能决定具体是哪一道窄门。有趣的方式就像是蒲公英种子长出的绒毛，它们有无数个朝向。

因此，你不需要"像"任何一个人，"像自己"就可以，这才是有趣的真谛。你只需要把那些一直藏在身体里的宝藏挖掘出来，它们不必多么宏大，也不必多么闪亮，只要带着你最本真的样子与情趣就好。

每个人都是独一无二的，你也一样。

致　谢

关于"有趣"的写作，其本身就是一个有趣的探索过程。当然，除了有趣，写作偶尔也伴随着深入思考和灵感枯竭时的孤单与挣扎。好在我得到了身边众多人的鼓励与协助。

我要感谢我的研究助理王景芮，为了让本书中的每个观点得到严谨的论证，她帮我查阅、筛选、核对了大量的文献和数据。如果把这些资料打印出来，它们摞起来的厚度足以超过一只穿着高跟鞋的羊驼的高度。我记得 2020 年除夕夜你还在一边吃年夜饭，一边帮我核对一些实验数据，希望以后的除夕夜，你只需要核对与红包有关的数据。

同样非常感谢我的老同学顾仰洁，也是巴黎高等商学院的副教授，在百忙之中抽出时间帮我查阅资料。比起几年前你帮我和伦敦的房东因为纠纷进行对峙，你在这次的事情上显然更加得心应手。

还要感谢卓夕琳、俞杭祺、挚友王晓辉，帮我反复审读稿件中的每一个字，并用委婉的口吻给了我很犀利的写作建议。有了你们的帮助，我才敢把这本书送给我的语文老师。

不得不感谢我团队中的 Victoria，从我开始动笔到印刷成册，你在各种细节问题以及大方向上都给了我独到的建议。感谢团队中的宋雅晴、李洋洋，从多个角度给我的反馈与建议，她们将与我一起持续研究"趣商"这个课题。还要感谢中信出版社的每一位成员，包容我的各种或清晰或模糊的要求，你们专业的修改和建议也确保了本书的品质。

还有许多朋友在日常的闲聊中也给了我很大的启发，例如余进、叶梅等。在这里我忘记提及的朋友，记得提醒我，我会亲自做一杯卡布奇诺作为补偿。

要特别感谢我的妻子和女儿，你们在我专注写书的过程中给予了我最大的理解与支持，当然还有珍贵的启发，以及提醒我这个工作狂记得休息，你们给我的这些甚至已经超越了我写出的文字。哦对了，书中的草莓眼镜，是女儿和我共同画出来的。

最后，感谢我的父母，如果我身上的确有一些有趣的东西的话，我知道那源自你们。

参考文献

第一章

1. Berlyne D E. Curiosity and Exploration[J].Science, 1966, 153(3731): 25-33.

2. Kidd C, Hayden B Y. The psychology and neuroscience of curiosity[J]. Neuron, 2015, 88(3): 449-460.

3. 来源同上。

4. Baillargeon R, Spelke E S, Wasserman S. Object permanence in five-month-old infants[J]. Cognition, 1985, 20(3): 191-208.

5. Berridge K C, Robinson T E. Liking, wanting, and the incentive-sensitization theory of addiction[J]. American Psychologist, 2016, 71(8): 670.

6. https://www.forbes.com/sites/andrewbender/2012/09/21/top-10-funniest-movies-ever-as-measured-in-laughs-per-minute/?sh=a7c208c3c40e

7. https://www.alamy.com/search/imageresults.aspx?qt=B7X4M1

8. 维基百科. https://en.wikipedia.org/wiki/Intelligence_quotient

第二章

1. Abel M H. Humor, stress, and coping strategies[J]. 2020, 15(4): 365-381.

2. Mesmer‐Magnus J, Glew D J, Viswesvaran C. A meta‐analysis of positive humor in the workplace[J]. Journal of Managerial Psychology, 2012, 27: 155-190.

3. Thorson J A, Powell F C, Sarmany‐Schuller I, Hampes W P. Psychological health and sense of humor[J]. Journal of clinical psychology, 1997, 53(6): 605-619.

4. Cheng D, Wang L. Examining the energizing effects of humor: The influence of humor on persistence behavior[J]. Journal of Business and Psychology, 2015, 30(4): 759-772.

5. Ziv A. Teaching and learning with humor: Experiment and replication[J]. The Journal of Experimental Education, 1988, 57(1): 4-15.

6. Hackathorn J, Garczynski A M, Blankmeyer K, et al. All kidding aside: Humor increases learning at knowledge and comprehension levels[J]. Journal of the Scholarship of Teaching and Learning, 2011, 11(4): 116-123.

7. Lynch O H. Kitchen antics: The importance of humor and maintaining professionalism at work[J]. Journal of Applied Communication Research, 2009, 37(4): 444-464.

8. Fraley B, Aron A. The effect of a shared humorous experience

on closeness in initial encounters[J]. Personal Relationships, 2004, 11(1): 61-78.

9. Bitterly T B, Brooks A W, Schweitzer M E. Risky business: When humor increases and decreases status[J]. Journal of personality and social psychology, 2017, 112(3): 431.

10. Wanzer M B, Booth‑Butterfield M, Booth‑Butterfield S. Are funny people popular? An examination of humor orientation, loneliness, and social attraction[J]. Communication Quarterly, 1996, 44(1): 42-52.

第三章

1. Besley J C. Media use and human values[J]. Journalism & Mass Communication Quarterly, 2008, 85(2): 311-330.

2. 来源同上。

3. 菲利普·津巴多. 不再害羞 [M]. 北京：北京北京联合出版公司，2018：22-23.

4. Hampes W P. Humor and shyness: The relation between humor styles and shyness[J]. Humor‑International Journal of Humor Research, 2006, 19(2): 179-187.

5. Kania B F, Wroń ska D, Zięba D. Introduction to Neural Plasticity Mechanism[J]. Journal of Behavioral & Brain Science, 2017, 07(2): 41-49.

第四章

1. Moseley J B, O'malley K, Petersen N J, et al. A controlled trial of arthroscopic surgery for osteoarthritis of the knee[J]. New England Journal of Medicine, 2002, 347(2): 81-88.

2. March J G. Primer on decision making: How decisions happen[M]. Simon and Schuster, 1994: 65-75.

第五章

1. Piaget J. Egocentric thought and sociocentric thought[J]. Sociological studies, 1951: 270-286.

2. Bruce C D, Davis B, Sinclair N, et al. Understanding gaps in research networks: using "spatial reasoning" as a window into the importance of networked educational research[J]. Educational Studies in Mathematics, 2017: 143-161.

3. Gilovich T, Kruger J, Medvec V H. The spotlight effect revisited: Overestimating the manifest variability of our actions and appearance[J]. Journal of Experimental Social Psychology, 2002, 38(1): 93-99.

4. Weber J M, Kopelman S, Messick D M. A conceptual review of decision making in social dilemmas: Applying a logic of appropriateness[J]. Personality and social psychology review, 2004, 8(3): 281-307.

5. Curran T, Hill A P. Perfectionism is increasing over time: A meta-analysis of birth cohort differences from 1989 to 2016[J].

Psychological Bulletin, 2019, 145(4): 410-429.

6. Aronson E, Willerman B, Floyd J. The effect of a pratfall on increasing interpersonal attractiveness[J]. Psychonomic Science, 1966, 4(6): 227-228.

7. Bruk A, Scholl S G, Bless H. Beautiful mess effect: Self-other differences in evaluation of showing vulnerability[J]. Journal of Personality and Social Psychology, 2018, 115(2): 192-205.

第六章

1. Simonton D K. Foresight, insight, oversight, and hindsight in scientific discovery: How sighted were Galileo's telescopic sightings?[J]. Psychology of Aesthetics, Creativity, and the Arts, 2012, 6(3): 243-254.

2. 美国国家航空航天局 . https://moon.nasa.gov/news/155/theres-water-on-the-moon/

3. Root-Bernstein R, Allen L, Beach L, et al. Arts foster scientific success: avocations of nobel, national academy, royal society, and sigma xi members[J]. Journal of Psychology of Science and Technology, 2008, 1(2): 51-63.

4. Root-Bernstein R S, Bernstein M, Garnier H. Correlations between avocations, scientific style, work habits, and professional impact of scientists[J]. Creativity Research Journal, 1995, 8(2): 115-137.

5. Kepler J, Caspar M. Harmonice Mundi[M]. Beck, 1940.

6. North A C, Hargreaves D J, McKendrick J. The influence

of in-store music on wine selections[J]. Journal of Applied Psychology, 1999, 84(2): 271-276.

7. Noah T. Born A Crime[M]. John Murray, 2017: 250-258.

第七章

1. https://www.campaignlive.co.uk/article/kfc-fcking-clever-campaign/1498912

2. Marvell A, Harrison T. To His Coy Mistress[M]. ProQuest LLC, 2004.

3. 罗伯特·麦基. 故事 [M]. 天津：天津人民出版社，2014：219-224.

4. 罗伯特·麦基，托马斯·格雷斯. 故事经济学 [M]. 天津：天津人民出版社，2018：56.

第八章

1. Thomas A. "Form vs. Matter", The Stanford Encyclopedia of Philosophy (Summer 2020 Edition) [M/OL]. Metaphysics Research Lab, Stanford University, 2020[2022-02-10].https://plato.stanford.edu/archives/sum2020/entries/form-matter/

2. Richards B A, Frankland P W. The Persistence and Transience of Memory[J]. Neuron, 2017, 94(6): 1071-1084.

3. https://www.alamy.com/search/imageresults.aspx?imgt=

0&qt=M098HD

4. Young M C. The Guinness Book of World Records 1999[M]. Bantam Books, 1999.

5. DeMaria R. Johnson's Dictionary and the Language of Learning[M]. UNC Press Books, 2000.

6. De Witt T S, Noyes G E, Stein G. The English Dictionary from Cawdrey to Johnson, 1604-1755[M]. North Carolina State University Print Shop, 1946.

7. 维基百科 .https://en.wikipedia.org/wiki/Richard_Mulcaster

8. https://www.alamy.com/search/imageresults.aspx?imgt= 0&qt=JR30WM

9. Simon H. A behavioral model of rational choice, in models of man, social and rational: mathematical essays on rational human behavior in a social setting[J]. New York: Wiley, 1957.

扫码关注"朱老丝"公众号，
回复"趣商"，即可参与"**21 天变有趣计划**"，
还可获得更多实用的分享。